新装版

自分でできる邪気ばらい

身近な呪いを解いてスッキリする方法

青龍

WAVE出版

新装版に寄せて

今は風の時代。これから約200年続いていく風の勢いは、邪気ばらいにも効果覿面ということで、この度、新装版を刊行させていただきました。
この本が、降りかかる魔を祓い心身ともにリセットし、あなたが日々笑って過ごせる一助になることを願っております。

そして、今回の刊行にあたりご尽力いただきました皆さまに深く御礼申し上げます。

青龍

はじめに

あなたは、誰かに呪われている！　そして、あなたも誰かを呪っている！

……かもしれない。


近年、地震や台風、山火事の頻発、そして、流行病などが私たちの生活を脅かしています。自然災害への恐怖、個として隔離された生活、孤独への不安。このような目に見えない心の疲弊が重なったとき、人は落ち込み、生きづらくなります。そして、無意識に「邪気」を溜め込んでしまい、怒りっぽくなったり誰かに対して攻撃的になってしまいます。


あなたは今、毎日楽しく過ごされていますか？

「なんだか最近ついてないな」

「憂鬱なことばかりだ」

と感じているのであれば、もしかするとそれは、誰かの「呪い」のせいかもしれません。そして、あなたも知らないうちに、誰かを呪っているかもしれません。

突然、怖いことを言って驚かせてしまったかもしれませんね。

私は普段、邪気ばらい専門家、祓士、占術家として企業経営者から会社員、主婦、アスリート、芸能人など様々な方のご相談を受け、風水鑑定や運勢鑑定、またセミナー、講演会などをさせていただいております。でもこの本は風水や占術の本ではありません。私がお祓いのプロとして実践してきた様々な手法をベースに、呪いの元となる邪気をはらい、運気を上げることに特化した本です。

邪気ばらいといっても、鍵となるのは「心」です。

なぜなら、これまで5万人以上の相談者にアドバイスをしてきた経験から、運気のアップダウンや引き寄せる出来事には、外の環境から影響を受けるのと同時に、「心のありよう」が非常に大きな影響を与えていることを実感しているからです。心のありようとは、あなたが日頃ずっと思っていること、誰か特定の相手に対する思い、またはまわりから思われていることなどをいいます。

最近は実社会に加えて、インターネットなどで手軽に見知らぬ人と繋がったり、かかわりが深くなることもあります。もちろん、その中には良い出会いもあるでしょう。しかしその反面で、いわれのない誹謗中傷に悩まされるなど、悪い念をおびた非常に危険な領域に引き込まれてしまうこともあるのです。

このような他人からの「邪気」を受けると、次第に雰囲気が暗くなり、発する言葉もネガティブで、また怒りやすく、人が変わったようになってしまうこともあります。これほどまでに人に影響を与える邪気、これが、昔から「呪い」と呼ばれるものの正体です。

さらに、落ち込んで暗い気分になると、今度はその人自身がまわりの人に邪気を飛ばしてしまうことになります。これはたとえ無意識であっても、ほかの誰かに呪いをかけてしまっていることと同じなのです。

この本でご紹介するのは、このような不調気味な方がまとってしまっている邪気をはらい、波動と運気をアップさせる方法です。

邪気をはらうというと、神社やお寺などで「お祓い」や「厄除け」をしてもらわなければならないようなイメージをお持ちかもしれませんね。でも本来「お祓い」

とは、「自分の身のまわりを清浄に払う」という意味です。実はそれは、掃除をする、身ぎれいにする、といった日常の当たり前のことと大差はありません。だからこそ、普段からこまめに自分で邪気ばらいを行っていれば、専門家の手を借りるような「大そうじ」に至ることを予防することができるのです。

この本に紹介する方法はすべて、私が25年以上かけて実践し、効果を確かめてきた「青龍式邪気ばらい法」です。悪いものをはらって寄せ付けないだけでなく、多くの富豪たちから聞いた「最強の開運法」も余すことなく書きました。

邪気ばらいをすることで、あなたは今よりももっと明るい場所で、あなた自身が輝く存在になれます。明るさで満ちている場所に、もう邪気は寄り付きません。そして、あなたに起こる出来事も良くなり、人生もさらに良くなっていくのです。

この本が「あなたの心に灯をともす」本となり、そして、あなたが「人の心に灯をともす」ための本になりますように心より祈念いたします。

青龍

なんだかついてない、
イヤな感じがする
…そんな時には

即効！
きほんの
邪気ばらい

きほん 1 場をはらう

玄関や部屋、外出先の場所などをすぐにはらいたい時は、塩を使います。盛り塩にして、部屋は四隅に、玄関はドアの内側の両脇に置きます（アルミホイルなどに少量の塩を入れて持ち歩けば、外出先のホテルなどでも安心です）。

次に、できるだけドアや窓を開けて、悪い気を外に出します。

そして、玄関や部屋のドアに向かって神社でする「かしわ手」のように何度か手をパンパンッと叩きましょう。この音には、魔をはらう効果があります。

邪気が多い時は拍手の音が響かず、乾いたような音がすぐに空間に吸い込まれるように消えますが、しばらくして拍手の音がまわりに響き渡るようになれば、お清め完了の合図です。

パン
パン

きほん 2 身をはらう

外出先の人混みや、落ち着かない空間など、自分の身をすぐにはらってバリヤーを張りたい時がありますよね。

そんな時は、まず体の中の空気をすべて出すイメージで、お腹に力を入れながら息を思い切り吐き出しましょう。

そして、両肩を強く叩くように3回ずつ払い、邪気を落としましょう。

レモンとペパーミントを合わせた香りを少し身につけてバリヤーを張るのも良いでしょう。

また、人は両手から気を吸収したり放出したりします。手をこまめに洗うなど清潔を保つようにすると、邪気を取り込みにくくなります。

LEMON
Peppermint

きほん3 良い気をもらう

外部から良い気をもらうことも、とても大事なことです。パワースポットと言われる場所に行き、清浄な活気をもらうのも良いでしょう。

有名な場所ではなくても、近所の神社やお寺などで構いません。これらの厳粛な土地はあなたの身近にあるパワースポットです。強く優しい気、穏やかな気をもらえます。

また、上り調子の人、笑顔で元気に活動している人にも積極的に会いましょう。そのような人と同じ空間にいることで、暗い波動を吹き飛ばして良い気をもらうことができます。

オハヨー
よい気が
もらえそう

きほん 4 言霊《ことだま》の助けを借りる

普段なにげなく口に出している言葉が、あなたを守ってくれる言霊にもなりますし、逆に邪気を引き寄せてしまうこともあります。

「ありがとう」「幸せ」「うれしい」「許します」

邪気はこのような思いやりのある言葉、肯定的な言葉が出す波動には近寄りません。

逆に、愚痴や文句、心配ごとばかり口にしていると、邪気が喜んで寄ってきて、そのとおりの現実を引き寄せてしまいますので、気をつけてくださいね。

ありがとう
うれしい
幸せ
許します

きほん 5 邪気ばらい呼吸法

信号待ちの時、電車の中、ちょっとした休憩時間、就寝前など、1分程度の呼吸法で体も心もリセットできます。

下腹部にある丹田（おへその下あたり）を意識して、ゆっくりと呼吸をします。

呼吸に合わせて、息を吐く時に背中の左右の肩甲骨を寄せる感じで絞り、反対側の胸は開いて良い気を放出します。

この動作を深呼吸に合わせて行い、呼吸もだんだん強くして1分間続けます。

この呼吸法で、体中に熱と良い気が巡り、自然に邪気を跳ね返すバリヤーを張ることができます。

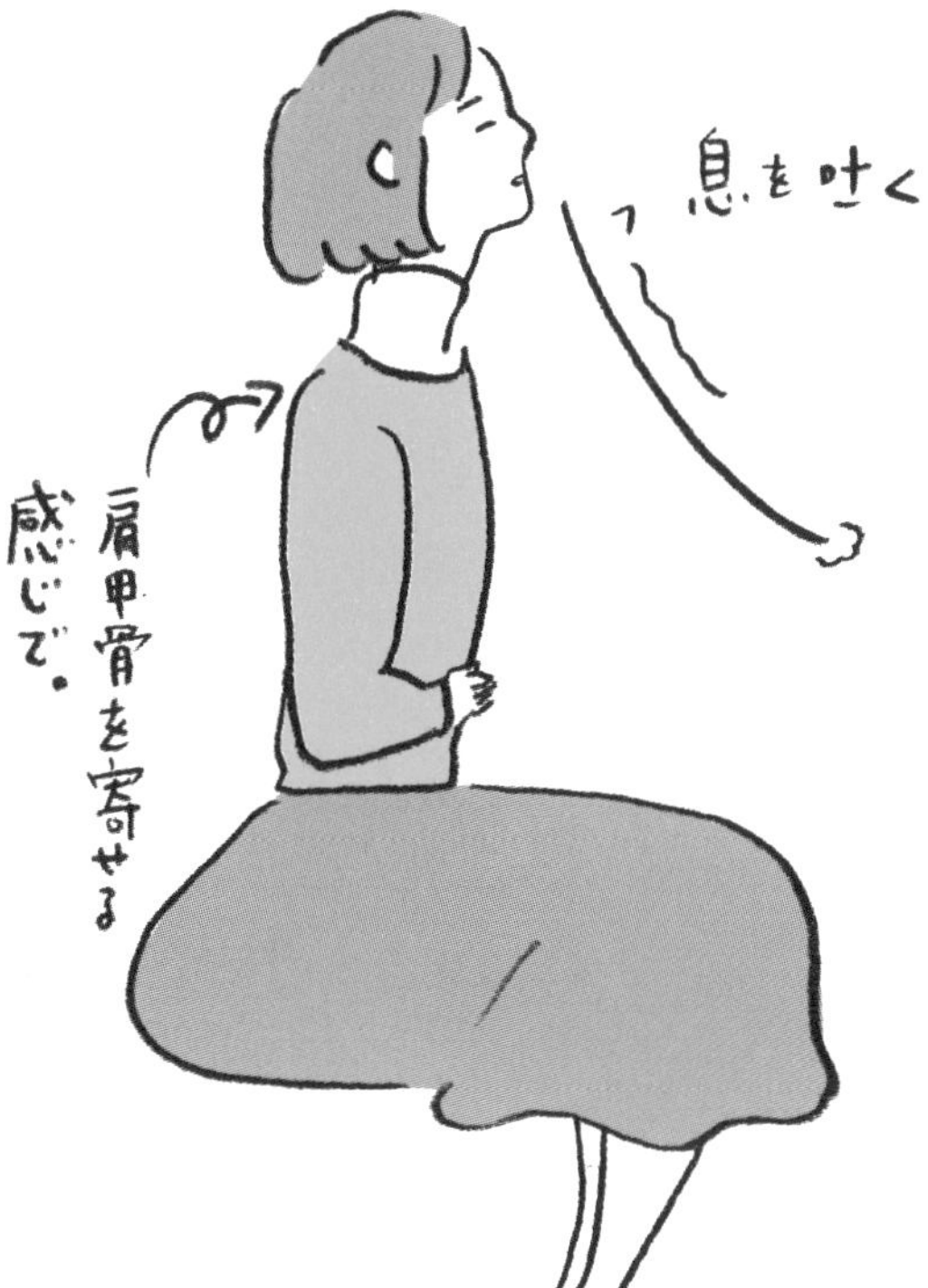
息を吐く
肩甲骨を寄せる
感じで。

自分でできる
邪気ばらい
もくじ

第1章

家と人間関係の邪気ばらい

人間関係が良くなり、ついてる毎日がやってくる！

第2章 金運アップの邪気ばらい

一気にお金がまわり出す！

第3章 恋愛・結婚運アップの邪気ばらい

あなたの恋愛・結婚がうまくいかないのは、邪気のせい？

ブックデザイン　原田恵都子（Harada+Harada）
イラストレーション　くぼあやこ
DTP　NOAH

第1章

人間関係が良くなり、
ついてる毎日がやってくる!

家と人間関係の邪気ばらい

1 邪気は知らない間に溜まっていく

1日が終わり、次の日も、またその次の日も疲れが残ってしまうような時は、本来安らぐ場所であるはずの自宅に「良くない気」を持ち込んでいないか、考えてみましょう。

気とはエネルギーのようなもので、目には見えず感じることもむずかしいような微細な波動でできています。私たち人間自体もこのエネルギーの集合体なので、様々な気に触れたり近寄ったりすると、大なり小なり影響を受けてしまうのです。

そして私たちは毎日、会社や学校、買い物、外食などで様々な場所に行き、様々な人と会い、その度に様々な「気」をもらっています。

当然その中には、良い気もあれば悪い気「邪気」もあるわけす。

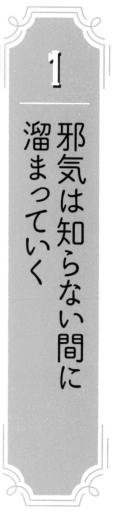

そのようにして外から持ち帰った邪気が溜まった空間で過ごすと、**寝つきが悪くなり、体の疲れも抜けずに寝不足な日々を送ってしまうことになります。**

家の中全体や、自分の部屋がなんとなく暗く感じられる、じめっとしていると感じる時は要注意です。邪気を溜め込まないために、毎朝家の全部の部屋の窓、特に長時間を過ごす寝室の窓を全開にして、空気を一気に入れ替えましょう。

そして、邪気を部屋に溜めない以前に、自宅に入れないことが大切です。

外出から帰宅した際には、ドアを開ける前に、右手で左肩を、左手で右肩を強く叩くように3回〜4回ずつはらいましょう。そして、お腹で大きく息を吸ってから、一気に強く息を吐き出しましょう。この呼吸で体の中や背負ってきた邪気を出し切ってはらうことができます。

徹底的に邪気を出したい時は、自宅のドアの前で靴と靴下を脱いで裸足で地面に立ち、吐く息とともに足元や足の裏から邪気を出し切るのも有効です。

✦ 邪気はよどんだ空間に引き寄せられる。
こまめな邪気ばらいを習慣にしよう。

2 自宅をパワースポットにする方法

あなたはいつも、どのような部屋で過ごしていますか？　自宅は1日の疲れを取り、また次の新しい1日を始めるためにパワーを充電できる場所にしたいものです。日々の運気をアップさせるために、普段過ごす空間をあなた専用のパワースポットにしてしまいましょう。

まず、その部屋や空間に、すでに使っていない不要な物、捨てていないゴミなどは溜まっていませんか？

それらは悪い気を排出する、**邪気製造マシーン**になっている可能性があります。これを機に、気持ち良く手放しましょう。

邪気は清潔な空間には留まりません。1日に1回は必ず窓や玄関を全開にして部屋の空気を新鮮なものに入れ替え、できるだけこまめに掃除をして部屋を清潔に保ちましょう。

空間の浄化を保つために、次のようなものを置くのも効果的です。

◆玄関、リビング、寝室など…花
◆玄関、トイレ…盛り塩
◆リビング…明るい雰囲気の絵や写真。

そして、一番大事なのはそこに住むあなた自身が外で邪気を受け取らないこと。邪気からあなたを守ってくれる身近なアイテムとして、塩、鏡、水などがありますが、簡単な邪気ガードの方法としては、光るアクセサリーや小物を身に付けるのが良いでしょう。光る物には、鏡のように邪気を反射して跳ね返す力があるのです。

巻末にお付けした護符なども活用して、普段から邪気を寄せ付けないように気をつけましょう。

✦溜めこんだ不用品は邪気の元。
家も自分も常に清潔な輝きを忘れずに。

3

他人の邪気から身を守ろう

たとえ仲のいい友人であっても、会うたびに仕事や家庭の愚痴ばかり言う人と話していると、本当に疲れるものです。

これはあなたが、話を聞いている間じゅう、愚痴、不幸話、他人の悪口などが持つネガティブな波動=邪気にさらされ続けているからです。

その時は、「友達だからしかたない、聞いてあげなきゃ」と思うかもしれませんが、本当は嫌なのに無理をして聞いても、**暗い波動を共有するだけ。**それどころかあなたまでその話に同調して邪気を増幅してしまうようなら、お互いにとっていいことはありません。

◆常にネガティブな人
◆他人を攻撃したり否定してばかりいる人
◆他人の不幸話やゴシップが好きな人

このような人にはできるだけ近寄らないことです。

でも、仕事や学校など関係性によっては距離を置くのもむずかしい場合もありますよね。邪気をふりまく人、どうしても苦手な人と対峙しなければならない時の対処法をお伝えしておきましょう。

相手と話す時は、気づかれないようにテーブルの下などで手をさりげなく手刀《しゅとう》(手を「チョキ」にし、人差し指と中指をくっつける)の形にし、相手に向けておきましょう。

もともと剣のような尖ったものは邪気をはらう道具として使われますが、指を剣に見立てた手刀でも同じ効果があり、悪い気を受け取らずにすみます。自分を守るための防御法として覚えておいてください。

✦邪気を受けそうなシチュエーションからは
できるだけ距離をおこう。

4 誰かの機嫌を取っていませんか？

私たちは、陰気な人や笑顔でない人を見ると、つい「どうかしたの？」と気にかけてあげたくなってしまいます。また、そうすべきだと思っているかもしれません。

でも残念ながらその一言で、**あなたの波動は落ちていくことになります。**

大きなトラブルはなくても、なんとなく気分が落ち込んだままになったり、まるで誰かにパワーを吸い取られているような感じがすることはありませんか？

実はそのような時の主な原因は、あなた自身が暗い人や機嫌の良くない人を気にかけていることにあるのです。

その人が不機嫌な時は自分も落ち込み、ご機嫌な時は自分も気分が上がる……これは、他人の気をもらいすぎて、自分の心を左右されてしまっている状態。

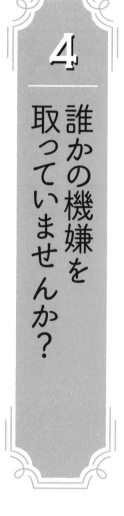

特に、身内との関係で日常的に誰かの機嫌を取っている人は要注意です。親や夫婦間で相手の機嫌を取るのは当たり前だと思っていませんか？　でも、たとえ近しい人であっても、**その人は、その人の事情で機嫌が悪いのです。**あなたが原因ではないということを忘れないようにしてください。

あなたは、あなたの都合でいつも機嫌が良くていいのです。自分の都合で不機嫌になっている人を心配し同調してしまうと、せっかくのあなたの良い波動が引きずり落とされ、運気も一気にダウンすることになります。

優し過ぎる人や断ることが苦手な人は特に注意しましょう。そのような人はなおさら、邪気を受けない、運気を下げないための防御が必要になります。

大切な人に元気になってもらいたいと願うのは悪いことではありませんが、それでも一番大事にすべきなのは、自分の機嫌です。いつもご機嫌でいられるよう、自分で面倒をみてあげましょう。

♦他人の不機嫌はその人の事情によるもの。
あなたはあなたの都合でご機嫌でいよう!

5

「運気泥棒」に気をつけて！

もう一つ、邪気を受けやすい困ったシチュエーションがあります。それは、人からの「相談」という形でやってきます。

もちろんひと口に相談とは言っても、相談すべてが悪いわけではありません。時として、または人によってはこの「相談」にも質の違うものがあるのです。

最初は、どうにか問題を解決したい一心で、あなたの意見を求めに相談に来ているることでしょう。あなたもその人の立場に立って一生懸命考えて、解決策をアドバイスしたりします。

しかし、2度、3度と同じ人がやって来て、あなたの意見を聞くのではなく、その人の上手くいかない理由を長々と話し出すようになると、注意が必要です。

たいていの場合、そういう人はいくら親身になってアドバイスや意見を伝えても、肝心の「行動」をしません。そしてなぜ行動できないのか、その理由をまた長々と話し出したりします。

そして、その人と別れた後は、どっと疲労感が襲ってきます。気力、体力ともに吸い取られた感じになります。**この状況は、相談を受けているあなたが言葉による邪気を受けているということです。**

こういう人のことを、「運気泥棒」と言い、かかわっている間はずっと運気と体力を奪われ、疲労感で気分が落ち込んできます。「運気泥棒」にかかわるぶんだけ、自分の体と人生が邪気で満ちてしまいます。

あなたの人生の限りある大切な時間を奪われることにもなりますので、こういう人とは一定の距離を置く必要があります。

「相談という名ばかりの邪気は、絶対に受け取らない！」と自分に言い聞かせましょう。

◆「運気泥棒」とは距離を置こう。

6 体の中から邪気を出す呼吸法

私は長年武道とヨガを続ける中で、正しい呼吸法によって良い気を身体に巡らし満たすことで、邪気をはらい、身体が清められることを確信するようになりました。

まず、ヨガなどでよく行う「丹田《たんでん》呼吸法」という呼吸法をやってみましょう。

息を吸う時は、胸や肺は膨らまず、肩は上下に動くことなく、お腹だけが膨らむようにします。そして息を吐く時は、膨らんだお腹が吐く息とともにだんだんとへこんでいきます。この呼吸ではおへその2～3センチほど下にある丹田に意識を集中することが重要です。

息を吐く時は、体中の邪気や悪いものがすべて出ていくイメージで吐き切り、息を吸う時は新鮮な空気、良い気が全身にいき渡るイメージで行います。

こうしてしばらくこの呼吸を続けていると、おへその下あたりからだんだん下腹全体が熱くなってきますので、今度はその熱を呼吸とともに全身に巡らします。

この丹田呼吸法は、上手く行うことによって「邪気ばらい呼吸法」になります。邪気は基本的に体の背中、左右の肩甲骨の間から入ってきます。肩甲骨の間である背骨の上あたりから、寒気がしたりゾクゾクする場合は、邪気を受けていることが多いのです（邪気を受ける時は、風邪のひき始めのような感覚に近いです）。

ですから、ここから邪気をしぼり出すように、息を吐く時に背中の左右の肩甲骨を思い切り寄せます。そうすると、逆に胸（ハートチャクラ）が開き、ここから邪気が出て行きます。

肩甲骨をしぼり、胸を開いて良い気を放出する。この動作も合わせながら、腹式呼吸を続けると、体中に熱と良い気が巡り、自然に邪気を跳ね返すバリヤーを張ることになります。

私たちは1日に2～3万回も無意識のうちに呼吸をしています。そのうちの一部だけでも意識的にこの呼吸法を取り入れて、体内を浄化しましょう。

いつでもどこでも手軽にできる
「邪気ばらい呼吸法」を習慣に。

7 お風呂で邪気ばらい

何度も「邪気ばらい呼吸法」をしても体中が良い気で満たされていると感じられず、丹田の熱さも感じられない。さらに風邪でもないのに寒気がするような場合は、この入浴法をやってみましょう。

お湯はみぞおちぐらいまでつかる深さにして、半身浴の要領で湯ぶねに入ります。

ここで大事なのは、**邪気は心臓のあたり（ハートチャクラ）から放出されますので、この部分はお湯につからないことです。**

お湯の温度は、最初は少しぬるいと感じるぐらいにし、お湯につかりながらだんだんと熱くしていきます。

そしてお湯につかっている間、前項で紹介した「邪気ばらい呼吸法」を行います。半身浴の時間は、20分～1時間ほど（ご自分の体調をみながら、決して無理はしないようにしてください）。始めは上半身が少し寒く感じるかもしれませんが、時間が経つにつれて体中が温かくなり、全身から汗をかき始めます。

この汗が、体中に染み込んでいる邪気を抜き出し、流してくれるのです。**邪気や霊障をもたらすような浮遊霊は清潔なものには寄りつきません**ので、体の中からスッキリきれいになることで、邪気ばらいができます。

さらに効果を高めたい時は、お湯に邪気をはらう効果を持つ粗塩やアロマソルトなどを入れるのも良いでしょう。また半身浴の後に粗塩で体を洗うことも、浄霊やおはらいになります。

1日の終わりにその日の汚れを落とす入浴タイムを、邪気ばらいタイムにしてみましょう。毎日続けることで、運気がみるみるアップしていきますよ。

✦ 半身浴と呼吸法の合わせ技で、
1日の邪気をすっきり流そう。

8 あなたを見守る存在を感じる

アメリカのセドナ、日本では出雲や伊勢、富士山など、有名なパワースポットはたくさんあります。その場所に行くことで良いエネルギーをもらい、体の調子が良くなったり、運気がアップしたりすることから、積極的に「パワースポット巡り」をしている方も多いのではないでしょうか。

でも観光地化した有名なパワースポットには行っても、近所の神社には意外と行かない、という人も多いのでは。もちろん有名なパワースポットには強大な力がありますが、人気があるぶん、遠くにいる大スターのような存在かもしれませんね。

それにひきかえ、近所の氏神様というのは、いつも身近であなたを助けていただける存在です。**ぜひ身近なパワースポットとして、お近くの神社に行かれることをお**

すすめします。

全国的に有名な神社でなくても、現在お住まいの自宅の近くやお勤め先の近くなど、神社の規模の大小にかかわりなく、それぞれパワースポットとして力を発揮してくれます。

神社は、日頃自分が生かされていることへの感謝を伝える場所、新たな役割、天命を受け取りに行く場所です。ぜひご自身の氏神様《うじがみ》（※）に会いに行ってください。

また、現在お住まいの場所の氏神様とともに大切にしていただきたいのが、あなたが生まれた場所の氏神様「産土《うぶすな》の神様」です。産土の神様は、実はあなたが生まれた瞬間から現在にいたるまであなたに寄り添い、**一番近くで見守ってきてくださっている神様です。**

実家を離れて暮らしている人も、たとえば人生の転機が訪れた時などには、産土の神様がいらっしゃる神社に感謝と決意表明を伝えに行きましょう。ずっと二人三脚で守ってくれた神様です。きっとあなたを良い方向に導いてくださいます。

※自分の家の管轄がどこの神社に当たるのかは、各都道府県の神社庁にお問い合わせください。

近所の神社はあなた専用パワースポット

9

神社で叶う浄化習慣

神社の土地に一足踏み入れると、感覚の鋭い人にははっきりと空気が変わるのがわかるでしょう。ひんやりと澄んだ空気であったり、涼しいそよ風が吹き抜けていくのを感じたりもします。

このような澄んだ土地に身を置くことで、心と体の邪気をはらうことができます。

参拝時には、**いつも見守っていただいていることに心から感謝し、さらに発展するために、**

「お役目をいただければすべて受け取ります」

と宣言しましょう。そして、

「私に降りかかる災いをすべておはらいください」

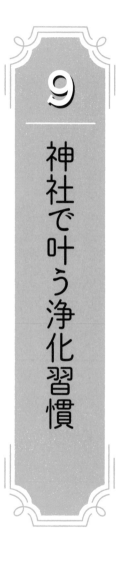

と一心にお願いしましょう。

一心にと言っても、神様に重い念を背負わせてはいけませんよ。お願いの時は、あなたもそよ風のようなサラッとした存在になりましょう。

神社は、お賽銭を入れて願えば何でも叶えてくれる場所ではありませんが、緊急時の場合は神様もお願いを聞いてくれるでしょう。

そしてせっかく神社という清らかな場に行ったのなら、参拝が終わったからといってすぐに帰ってしまうのではなく、少しその場に留まって心身を清めていきましょう。

どこか腰の下ろせる場所、または人の行き来の妨げにならない場所に立って、体の中の邪気をすべて出し切るつもりで「邪気ばらい呼吸法」をしばらくやってみると良いでしょう。呼吸法だけではなく、日ごろの悩みやモヤモヤしたものを口に出しても大丈夫です。

その場が持つ浄化作用で心も体も楽になり、日々を過ごしやすくなります。神社参拝は習慣にすることをおすすめします。

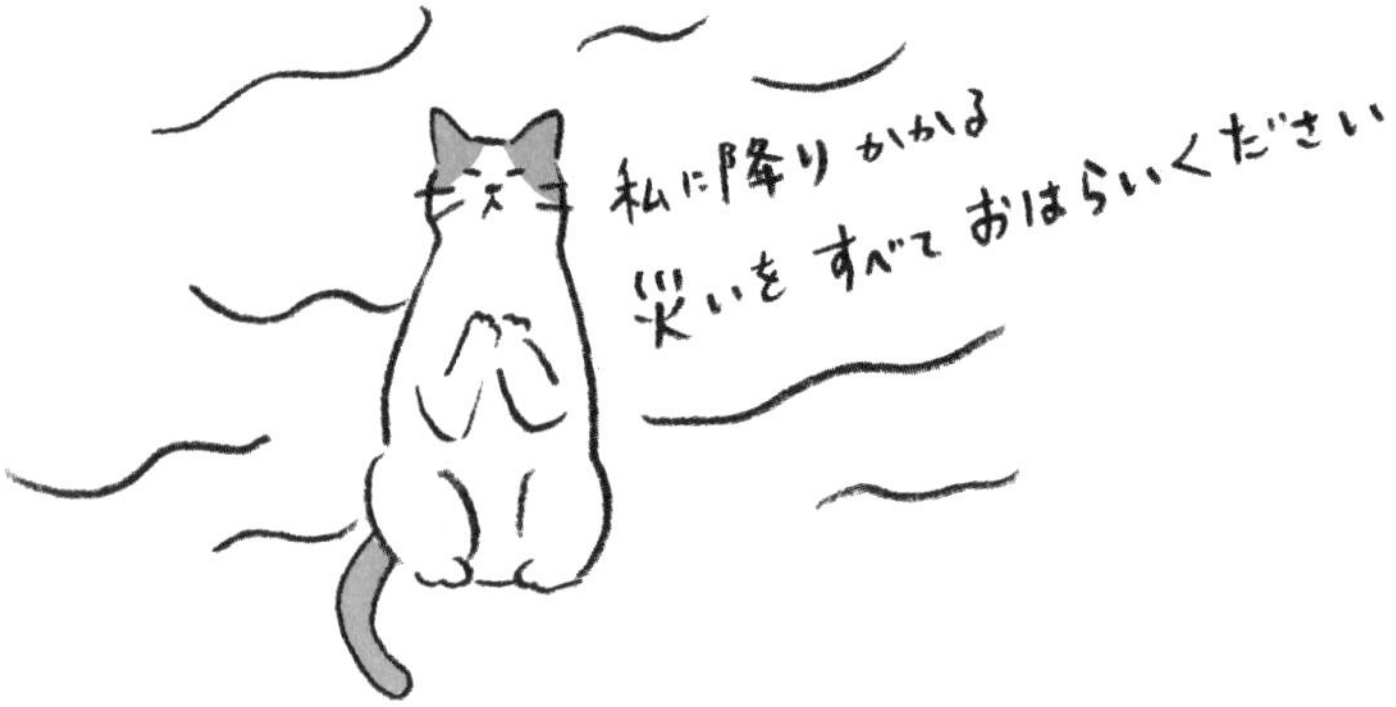
私に降りかかる
災いをすべておはらいください

◆清らかな場の浄化力をお借りしよう。

10 強運の守り神、龍神様を味方につける

「龍の背中に乗る」という言葉があるように、一気に出世して成功したり、人気者になり名声を手に入れることも、**神々の中でもトップクラスの力を持つ龍神様の手助けがあれば可能です。**もちろん本人が努力することが前提になりますが、その努力に応えるように龍神様が強力に後押ししてくれるのです。

また、そんな一足飛びの成功ではなくとも、龍神様はあなたの日々の安らかな生活を見守り、いざという時は助けてくれるような身近な存在でもあります。

では、龍神様にサポートしていただくにはどうすればいいのでしょうか。

神社にはそれぞれ御祭神様がいて、それが龍神様である神社があります。たとえば私は神奈川県在住なので、龍神様と縁の深い江ノ島の江島神社や箱根の九頭龍神

社などに参拝させていただいています。

よく、神社の正しい参拝方法を聞かれることがありますので、簡単に書いておきますね。なによりも感謝の気持ちが大切なので、形式にこだわる必要はありませんが、**最低限の礼儀作法は守りましょう。**

1. 賽銭箱にお賽銭を入れます。お賽銭は絶対に投げ入れてはいけません。
持ち合わせがない場合は、お賽銭を入れなくても大丈夫です。
2. 鈴がある場合は振りましょう。
3. 頭を下げて、
「～県～市～番～号、大祓太郎より感謝申し上げます。お参りさせていただきます」
4. 社殿に掲げてある神拝詞《となえことば》を3回唱える。
「はらえ給《たま》い　清《きよ》め給《たま》え　神《かむ》ながら　守《まも》り給《たま》い　幸《さきわえ》え給《たま》え」

時間のない場合は1回でもいいです。ほかの祝詞《のりと》を唱えても構いません。
5. 自分の願い事があればお願いしましょう。

6．そして、龍神様にも感謝を伝えます。
「龍神様、いつもお助けいただきまして、ありがとうございます」
7．二拝、二拍手、一拝

このような参拝を定期的にすることで、天そして龍神様があなたを気にかけ、ことあるごとに後押ししてくれるようになるでしょう。龍神様は目には見えませんが、神社近くの空に雲として現れたり、風が吹き抜けていくような感覚で感じ取ることができます。

しかし、龍神様はなんでも叶えてくれるかというと、そうではありません。願い事が通じないこともあります。

それは、あなたの都合だけを考えた、利己的な願い事です。

願い事が叶うかどうかは、それが叶うことによって、そこにかかわるすべての人たちが良くなることが大事なのです。

「売り手よし、買い手よし、世間よし、神様よし」の四方よしで、あなたも龍の背中に乗ってどんどん上昇していきましょう。

✦ 龍神様に可愛がられる人になって、
幸せのサポートをいただこう。

11 映像や文字にも邪気は宿る

あなたは、心霊番組や怖い話、心霊スポットなどは好きですか？　怖いもの見たさで興味のある人もいることでしょう。

たまにみんなで話して怖がったり、盛り上がるのはいいのですが、年中このような陰の気にかかわり続けている人は注意が必要です。

不幸や邪気を見続ける、または聞き続けることによって、**不幸と同じ波動を全体にまとうようになり、当然運気は落ちてしまいます。**まるで別人のように暗いイメージになってしまうこともありますし、その不幸の波動と同じような暗い出来事が起きる原因を引き寄せたりします。

これは怪談話だけではありません。テレビもそうですが、インターネットの世界などでは特に、残虐なニュースや他人の不幸話があふれています。見ると嫌な気持ちになるとはわかっていても、見出しにつられてついつい記事を開いて見てしまうのが人間の心理です。そして一度見始めると、次々に表示される関連の暗い記事を見続けることになってしまうのも、インターネットの怖いところ。

こうした心が暗くなるニュース、他人のスキャンダル、心無い誹謗中傷の書き込みなどを見ることも、まったく同じ暗い波動を招きます。

ですから、自分がそのような発言や行動をしないからといって安心というわけではなく、**そういった情報を見聞きするだけで、同じ波動を受けることになる**のだということを肝に銘じてください。決して自分からこの闇の領域に入ることのないようにしましょう。

うっかりこうしたものを見聞きしてしまった場合は、可能であれば熱いシャワーを浴びて邪気を流してしまいましょう。シャワーが無理であれば、胸を張り、鼻から息を吐く時に腹筋にぐっと力を入れて吐き出す呼吸を3～5回ぐらい繰り返すと邪気を体から出すことができます。

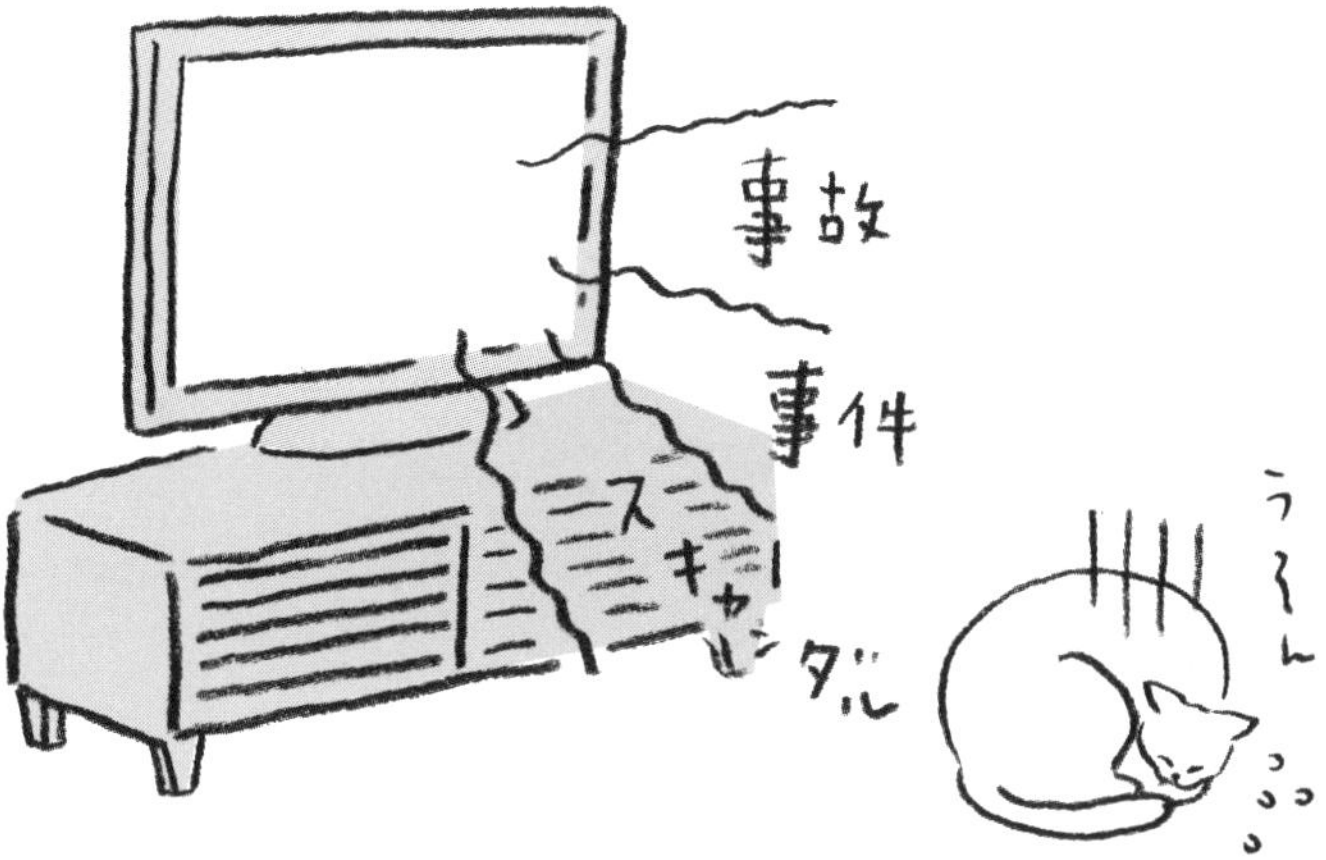

◆興味本位の怖いもの見たさは、自分から邪気をもらいに行く行為と心得よ。

12 あなたも邪気を飛ばしている？

ここでは自分が発している波動について考えてみましょう。

たとえば、あなたが誰かから邪気を受けて、精神的にイライラしたり、体調を崩したりと不調になっているとします。時には急に怒りがわいてきたり、何に対してもやる気が出ないなど、いつものあなたとはまるで変わってしまうこともあります。

なぜこのような状態になっているのかを考えた時、「あの時、あの人と会ってから調子がおかしい」「あそこに出かけてから、運気が落ちたような気がする」などと、他人や場所のせいにしたくなるかもしれません。

でも実は、**その状態は「あなた自身」が引き寄せたものです。**

たとえ、あなたが実際に相手の邪気を受けてそのような状態になってしまったとしても、それはあなた自身の波動が同じ波動を引き寄せたからで、ほかの誰のせいでもありません。もちろん場所のせいでもありません。

影響を受けるということは、あなた自身の内側にも邪気が蓄積されていて、その波動を発しているということなのです。

そしてあなたも、自分でも気づかないうちに、まわりの人たちに邪気を振りまいているかもしれません。さらにエスカレートして誰か特定の人に強い邪気を飛ばしてしまうと、それはもう「呪い」のレベルになってしまいます。

そして、これと同じような状態が、世の中の多くの場所で無数に起きているのです。

自分が邪気を受けたと感じた時は、自分の状態に気づくチャンスでもあります。そんな時は、人混みを避けてリラックスできる場所に移動しましょう。

緑の多い場所や、大きな木がある公園や神社など、静かで澄んだ空気が流れている場所では、あなたの邪気や不調の元を流し出すことができます。

気になったら早めにリセットすることで、精神的にも楽になり心が穏やかになります。あなたが我慢をして「呪いの元」を溜め込む必要はありませんよ！

◆「呪いの元」にならないように、
こまめに邪気をリセットしよう！

13 「縁切り」に効く最強アイテム

あなたが誰かから悪意のある行為を受けている、または一方的に好かれてストーカーまがいの行為を受けているとします。

こういう時は、相手の念を受け取らないことが一番なのですが、相手は自分の邪気を受け続けているうちに、あなたに対する感情が時間とともに落ち着くどころか、どんどん深まってしまうことがあります。

そんな時は、次のような粗塩を使った縁切り法がとても効果的です。

1. 名刺あるいは葉書程度の大きさの紙に相手の名前を書きます。
2. その紙に粗塩をまんべんなく振りまくか、または粗塩の中に埋め込みます。

（第3章で紹介する恋愛成就の方法とは違い、あなたの名前を書いた紙は必要ありません。）

3．しばらくの間そのまま置いておき、その後、その紙に清酒をかけます。清酒の量は、紙全体がしっかり濡れる程度で良いでしょう。清酒にもいろいろな種類がありますが、糖類の入っていないものをおすすめします。

4．清酒のかかった状態で1日〜2日ほど置いておきます。

この塩（はらい）とお酒（清め）の力を利用して、**相手の心の中にあるあなたの波動を消していきます。**

すると相手の中であなたの存在がだんだん薄まり、自然と疎遠になっていくことでしょう。必要に応じて、一定期間を置き、同じ要領で何度かやってみましょう。

※いやがらせ、ストーカー行為がエスカレートしたり、法律に反する行為があれば、すぐに警察や弁護士などその専門分野に相談をしましょう。

✦相手の邪気を受け取らないのが第一!

14
「呪い返し」の作法

呪い返し、タイトルがちょっと怖いですが、ぜひ知っておいてほしいことなのでお伝えしますね。

たとえば、あなたが誰かから、いわれもない誹謗中傷などを受けたり、悪意のある嫌がらせを受けたとしましょう。

相手が許せないあなたは、相手を「呪ってやりたい！」と思うかもしれませんね。イメージだけでも結構です。

さて、どうしましょう。真夜中に頭にロウソクを2本巻きつけて、わら人形に五寸釘を打ち付けますか？

でも残念ながら、昔から言われているその方法では呪いはかかりません。あなたがどうしようもない恨みやつらさを抱えて五寸釘を打ったとしても、相手はイビキをかいて熟睡していることでしょう。

そしてそこには、あなたが発した悪意の念だけが残ります。

さて、ここで問題です。その悪意の念、邪気はどこに行くと思いますか？

郵便物が相手に届かなかった時や相手が受け取らなかった時、荷物は送り主に戻ってきますね。実は邪気も同じです。

そうです。その邪気は送り主であるあなたに返ってくるのです。**それも一度送ったものが折り返して来るので、遠心力がついてさらに強くなって返ってきます。**

でも、実際のあなたは仕返しなんてしないでしょう。それが正解です。

なぜならあなたを攻撃する相手は、あなたにとっては「どうでもいい相手」だからです。

もし、相手となにかしらやり取りをしてしまうと、勝ち負けの問題よりも、**相手の悪意の念を受け取ってしまうことの方がさらに問題です。**

前も書いたように、相手は相手の都合でこのようなことをしているのです。あなたは、相手の気持ちに同意する必要はありませんし、なにも受け取る必要はありません。

そんな時は、

「私は、一切の悪意、邪気を受け取りません！」

と声に出して何度か唱えましょう。

こうしてあなたが受け取らない邪気は、遠心力がついて相手に返っていきます。相手は自分の邪気邪念を自ら受けるしかなく、その責任を取ることになります。返っていく威力は最低でも3倍以上でしょう。人に指を差す時、同時に3本の指が自らを差しているように、自分の発言や行動は、3倍で返ってくるのです。

知っておいてほしいのは、**良い言葉や行動も3倍で返ってくるということです。**そうと知ったら、今まで以上に他人には良い言葉や思いやりのある行動で接したいと思いませんか。そして、邪気邪念は決して受け取らないことです。これこそ現代の「呪い返し」です。

✦送った邪気邪念も3倍、良い行動も
3倍で返ってくる。

15 運気アップの魔法のことば

邪気を寄せ付けず、運気をアップさせるためには、あなたが日頃から声に出す言葉がとても重要な役割を持ちます。

神拝詞《となえことば》（→52頁参照）や祝詞《のりと》を声に出して唱えるのもいいですし、また普段使う言葉の中にも、同じ効果がある言葉があります。

それは、**「ありがとう」**や**「感謝します」**という言葉です。こういったポジティブな言葉は最高に良い波動を持ち、それを口に出せば出すほど、あなたもまわりも同じく良い波動を受け取ることができます。

ですからすべての人に、たとえあなたに邪気を向けてくる相手に対しても、あなたの方からこの言葉を言いましょう。目の前にいない場合は、なるべく鮮明に相手をイメージしながら、声に出してみてください。

心から出る言葉は、言霊《ことだま》に変わります。そして言霊に変わった時、物事を非常に早く引き寄せるのです。

「心から感謝していない相手だとしたら、言霊にならないのでは？」

そう思われるかもしれませんが、でもちょっと考えてみてください。

あなたがなにもしていないのに、悪意を持って邪気を飛ばしてくる相手というのは、高い確率でほかの人にも同様の邪気をまき散らしています。

するとまわりの人にだんだん距離を置かれ疎遠になり、その挙句、誰からも相手にされなくなります。

邪気をふりまくことの結果を、その人があなたに見せてくれているのです。

「ああ、自分も一時の感情で相手に意地悪をしたり、思いやりがないとああなってしまうのだな。それを身をもって教えてくれて、ありがとうございます！」

その人があなたに人生の大切な学びをくれてくれていることに、心から感謝しましょう。

◆「感謝します」「ありがとう」を口癖に。

16 邪気をはね返す「第3の目」

私たちの眉間は「第3の目（サードアイ）」とも言われ、物質的に見えないものも感じ取る、非常に敏感なセンサーでもあります。

この眉間の部分には**いつもツヤを欠かさないようにしましょう。**

ツヤを出して光らせることによってそのセンサーが働き、邪気をはね返します。それだけではなく、良い波動とつながる働きをしてくれるのです。

逆に、その力を閉じ込めてしまう行動が、眉間にシワを寄せること。第3の目が閉じていると、良い気と邪気の区別がつかなくなり、邪気を跳ね返すことがむずかしくなりますので、眉間にシワが寄らないよう、いつも笑顔でいましょう。

第3の目を輝かせ、邪気を近寄らせないようにすることです。

♦ 邪気をはね返し、良い気とつながる
「第3の目」のツヤは欠かさずに。

17 1分間瞑想でバリヤーを張る

邪気ばらい呼吸法をさらに深めて、体中に良い気を張りめぐらせましょう。

まずは、楽な姿勢で座りましょう。椅子やソファ、床でもどこでも大丈夫です。

次に、肩の力を抜きます。肩の力が上手く抜けない時は、まず肩を思い切り力ませて、上にあげてください。そして、一気に脱力します。そうすると、肩が軽くなり、自然に力も抜けます。

目線は正面を向き、ある一点を定めて見ます。

目の前の一点に、ろうそくの火などをイメージして、その火を見ても構いません。

一点に集中できたら、目を閉じます。目を閉じたまま、一点は見続けています。

腹式呼吸をし、息を吐く時には眉間の位置にある第3の目が開き、真っ直ぐに光線が出ているとイメージします。レーザービームのようなイメージです。

そして、頭の天辺、脳天から良い気があふれ出ていき、そのあふれた気が頭から肩、お腹や背中、足へと、全身を包み込みます。

呼吸はゆっくりとし、息を吸う時に、新鮮な気が体の中を巡りまわるのも同時に感じてください。

このイメージ呼吸法を1分間ほど続けると、やがて全身に満ちた新鮮な気が、頭、手の平や指先、足の裏や指先からあふれ出ていきます。

熱もだんだん全身を昇っていきます。始めに丹田、次にみぞおち、胸骨、のど、眉間と、どんどん上昇していきます。すると、眉間からその気をさらに強く放つようになるのです。

最後に、背中の肩甲骨を寄せるようにして絞りながら、長く息を吐きます。

呼吸をゆっくりと整え、目を開けます。

そして、右手で左肩を3回、左手で右肩を3回、強く叩くように払い、終了です。

この1分間瞑想法を実践することによって、第3の目からはさらに強い気が放たれるようになり、これまで以上に邪気をはね返してくれるようになります。

♦1分間瞑想で第3の目をさらに輝かせよう！

18 食事で体内の邪気を出す

暑い夏に、「暑気払い」というのを意識している人も多いと思います。食べ物で体に溜まった熱気を取り除くことです。これと同じように、食べ物で邪気ばらいをすることもできます。

邪気ばらいには、主に体を温めて発汗作用のあるもの、また便通や血液の流れを良くする食べ物が良いでしょう。

前にも書きましたが、**邪気は古くなって溜まっているもの、よどんだ環境を好みます**ので、体の奥にある不純物や邪気を汗や便などと一緒に体内からきれいさっぱり流し出してしまうことが大切なのです。

たとえば唐辛子を使った料理、体の冷えを取るニンニクや根菜類を使った料理もたいへん有効です。

お米は、白米よりも玄米をおすすめします。食材はできるだけ無添加の自然食品を摂るようにして、フルーツジュースや野菜ジュース、青汁などで、邪気の元である宿便を体から出しましょう。

このような食事を取り入れることで血液の流れが良くなり、ダイエット効果もあるので体もスッキリと軽くなります。すると頭の中もモヤモヤが消えて冴え、前向きな行動力がついてきます。

逆に、ジャンクフードや甘いものなどばかり食べていると、体も頭も重くなって代謝が下がり、結果的に邪気を排出しにくい体になってしまうので注意が必要です。そうすると、イライラしたり怒りやすくなって、**その後一気に運気を下げてしまいます。**

このように、運気と体の健康は密接な関係にあります。体を整えると、心も整うと言われますが、あなたの体の中に入れる食べ物を選ぶことは、実は運気を整える意味でも大切なことなのです。

♦体内の邪気も、すっきり流してサラサラに!

19 人間関係を劇的に良くする方法

あなたの人間関係を飛躍的に良くし、人生が一気に好転する方法があります。それは、すべてを「許す」ことです。

自分の心の中に「自分空港」という空港があるとイメージしてください。この空港には、あなたが過去に少しでも「許せない」と思った人が全員チェックインしています。

これまでの人生で、ほんの些細な理由でも「この人は、〇〇の理由で許せない」と思った瞬間に、搭乗手続きが完了してしまった人たちです。

さて時が経ち、あの許せなかった人たちも、今思うと「どうでもいい人」になり、「許します」と言えるようになりました。

すると、あなたが許した人は、自分空港で離陸準備をしている飛行機に搭乗します。あなたはどんどん過去の人たちを許し、その人たちはみんな飛行機に搭乗します。

さて、ここで質問です。

「あの人だけは、まだ許せない！」

「あの人は、まだちょっとだけ許せない！」

という人が、ひとりでも残っていませんか？

飛行機は、チェックインした人が全員搭乗しないと、離陸できません。それは自分空港も同じです。

たとえ何十年前のことだとしても、搭乗手続きが完了している人がいる以上は、あなたが「許します」と言わない限り、その人は飛行機に搭乗できずにまだ空港内をうろうろしているはずです。

そうです。過去何十年間のあなたが許した人たちは、**そのひとりがまだ飛行機に搭乗していないために、誰ひとり飛び立っていないのです。**

「私が許した世界」にまだ送り出していないのです。

では、過去の誰が残っているのでしょうか？

時間が経ち過ぎて、もう思い出せないくらいかもしれませんね。ですから、このように声に出して言ってみてください。

「私は、すべての人を、許します！」

そして、ここで最も重要なことがあります。

それは、あなたもその飛行機に乗ることです。

さらにこのように声に出してみてください。

「私は、自分を、許します！」

あなたを含めた全員を許しましょう。

こうして、初めて「私が許した世界」へと飛行機は離陸するのです。

このワークをすることで、思い出せないほど凝り固まっている「許せない」執着を捨てることができます。すると、あなたを応援してくれる人がどんどん現れ、人生がビックリするほど好転することでしょう。

許すなら、全員ですよ！

✦過去の許せない人を全員送り出せたら、
人間関係が劇的に良くなる!

第2章

一気に
お金がまわり出す！

金運アップの邪気ばらい

20 お金に対する誤解を解く

お金という存在は、あなたにとってどういうものでしょう?

生きるのになくてはならないもの、その通りですね。誰かが作ったものを食べ、家に住み、服を着ている以上は、対価としてのお金が必要ですし、また、本を読みたい、映画を観たい、旅行に行きたい、英会話を勉強したいなどという欲求が湧いた時、たいていの場合やはりお金が必要になってくるものです。

こんなふうに私たちの日常を裏で支えてくれているお金は、とても大切にすべき存在ですね。

でもそのお金に対して、実はとても多くの人が誤解をしていることに気づいていません。その誤解のせいで、あなたがお金に嫌われてしまっているとしたら……、これほどもったいないことはないのです。

ここでは、よくあるお金に対する誤解を挙げます。あなたに当てはまるものも、当てはまらないものもあるかもしれませんが、お金に対する意識を改めることは金運を上げるうえでとても大事なことなので、ぜひここで確認しておいてくださいね。

誤解①「お金なんてただの紙切れだ」

お金は現実的には人が作り出した紙切れや金属の破片ですが、これがなければ私たちは現在でも生活のあらゆる場面で物々交換をしなければなりません。

この便利で、時に私たちに様々な学びをくれるお金とは、神様（天や宇宙）の導きによって作られたものであると私は考えています。ですから、神様の知恵の形である「お金」への感謝が必要になります。

お金も、人間をはじめ世の中の様々な物体と同じくエネルギーの波動でできていますから、あなたがお金に対して感謝の念で良い波動を持てば、そのままお金のエネルギー活動にも良い影響を与えますし、逆にあなたがお金に対して負の波動を持てば、やはりそのとおりの負の影響を与えてしまうのです。

誤解②「お金は限りあるものだ」

「会社員だから、毎月決められた額しか稼げない」

「このお金でやりくりしなきゃならないから、あれもこれも我慢しなきゃ」

こんなふうに自分の収入に対して「これだけしか稼げないのが当たり前」と考えていると、その思考そのまんまの波動があなたを形作ります。すると、お金はきっちりそのぶんしかやってこないことになっています。

最近では「引き寄せの法則」などでもだいぶ知られるようになりましたが、事実、思考（波動）を変えることで自分の望むだけのお金は受け取れるようになります。

まずは、これまでの人生で身についた自分の「当たり前」枠をはずして、限りない豊かさを「受け取れる自分」になることが大切です。

誤解③「お金がなくて貯金できない」

あなたはお金が好きですか？

この質問にほとんどの人は「はい」と答えるでしょう。

それでは、「貯金はしていますか?」という質問にはどうでしょう。「はい」と言い切れない人もいるのではないでしょうか。

そういう人は、お金が好きなのではなく、貴金属やバッグ、衣服や靴、飲食やギャンブルなどが好きなのです。

お金が好きな人は、たとえ少額でもコツコツと貯金をしているものです。そして、お金を決して雑に扱ったりせず、大事にします。

お金も人と同じで、自分を好いてくれている人、大事にしてくれる人に集まりやすいのです。

誤解④「お金は人を狂わせる悪いもの」

「お金がありすぎると良くない」

「お金は汗水たらして必死で稼ぐもの。あぶく銭は怖い」

こんなふうに考えていませんか?

でも、「お金」自体に「良い/悪い」はありません。

たとえば包丁で考えてみましょう。その包丁で美味しい料理を作り喜んでもらう良い行いに利用することもできますし、逆に人を傷つけてしまう、悪い行いに利用する人もいます。

お金も同じで、扱う人の考え方でどのように使われ、また活用されるのかが変わってきます。

あなたの考え方次第でお金の「波動」が変わるのです。

以上の誤解を見て、まったくぴんとこない人は、すでにお金に好かれている人で、豊かな富を受け取れる器ができている人です。さらにどんどんお金が集まってくる人になれるでしょう。

逆に、無意識にお金持ちを妬んだりお金を悪く思っている人は、自分がお金を多く受け取れると思っていないため、今あるお金を失う恐れや不安が常につきまといます。

ひとつでも心当たりがあれば、今すぐ意識して直すようにしていきましょう。

◆無意識の心のブロックがお金を遠ざける。

21 お金が喜ぶことをしよう

お金は、お金のことが心から好きな人、お金を大事に使う人のもとに集まろうとする習性があります。では、お金を一番大事に「しない」行動とはなんでしょう。

それは、お金を裸のまま持ち歩くことです。

人も裸のままで外を歩いたりしないように、お金も裸で出しっぱなしにされるのを嫌がります。なぜなら、**大事にされていない波動が伝わるからです。**

ですから、お金をそのままポケットやバッグに突っ込んだりせず、きちんと財布に入れて持ち歩くことは金運アップのための基本中の基本です。

本当に豊かな人の中には、お財布を持たない、それどころかお金さえ持たなくてもいい人もいますが、こういう人は特別です。お金のことを心から理解し、すべてのお金を自分の味方につけている人です。

お金についてまだまだ勉強中の私たちは、お金をもっと好きになり、さらにお金を大事に扱うようにしなければなりません。

人にお金を渡す時にもちょっとした封筒に入れるなど、お渡しする相手だけでなく、お金に気づかいを持つことを忘れないようにしましょう。


また「安いから」という理由で物を買うことにも注意が必要です。よくよく考えてみたら本当に欲しいもの、必要なものではなかった、というものにお金を使うことも、お金を大事にしていない行為になります。

このようなお金の使い方を続けていると、どんどんお金はあなたに愛想を尽かし、あなたの元から離れていってしまいます。


持っているお金が少ないから安い物しか買えないのではなく、その人のお金を大事にしない行動から、お金が離れていくのです。

お金が喜んであなたのところに集まってくるかは、あなたの行動次第です。

◆ 迷ったら、お金の立場になって
考えてみよう。

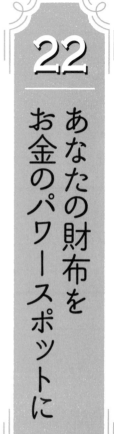

22 あなたの財布をお金のパワースポットに

1章で自宅をパワースポットにしましょうと書きましたが、お金にとってのお家であるあなたのお財布も、パワースポットにしてしまいましょう。

あなたのお財布をお金が安らげる居心地のいい場所にすれば、お金は喜んであなたのお財布に入ってきます。

考え方は人の場合と同じです。

お財布は毎日持ち歩くものなので、汚れが付きやすく、また様々な「気」に触れています。できるだけ清潔に保ち、邪気を入れないようにしましょう。

今、あなたのお財布には何が入っていますか?

お金やキャッシュカードのほかに、身分証や会員証、ポイントカード、病院の診察券や無料クーポン券などが入ってパンパンに膨れてはいないでしょうか。

お財布の中にはお金以外の物を入れてはいけないというわけではありませんが、しっかりと整理されていることが大切です。乱雑に放り込まれたり、入れたまま忘れてしまっているものが溜まっていると、**それらが発する邪気に影響されて、無駄な浪費が多くなってしまいます。**

できれば毎日、次のようなお財布浄化の時間を持つと良いでしょう。

◆その日に入れた領収書などを整理して、不要なものは捨てる。
◆お札の向きを整える。
◆テッシュや布でお財布を軽く拭く。

そして月に1回は使わないカード類やクーポンなどが入っていないか見直す時間を持ちましょう。

また私は、お財布のお守り代わりに、〝金運パワーが強いお札〟を常に入れておくようにしています。それは、記番号の末尾が「8」のお札です（末尾でなくても記番号に「8」が多く入っているお札も良いでしょう)。

「8」は、日本では「末広がり」という意味でよく使われますし、中国の風水では数字の「8」には「利益を生む」「財を発生させる」という意味があります。さらには、龍神様が「∞(無限大)」無限のループを描いて飛ぶイメージもあり、限りのない豊かさをもたらしてくれる数字なのです。

この8が入ったお札を見つけたら、使わないお金(種銭《たねぜに》)としてお財布に入れておきましょう。そうすることで楽しくお金を貯めることもできますし、さらに運気も良くなってどんどん8のお札があなたの元にやってくるようになります。

そしてこれも大事なことですが、**お金を支払う時は、気持ち良く手放しましょう。**

その時できれば、心の中で「欲しいものを買うことができてうれしい。あなたのおかげです。ありがとう!」とお金にお礼を言うのを忘れずに。

あなたの良い波動を浴びているお財布には、お金も循環し、必ずすぐに仲間を連れて帰ってくるでしょう。

✦ お財布をパワースポットにすると
お金がうまく循環しだす！

23 お財布の色について

あなたも一度は「お財布は〜色にするといいらしい」などという情報を耳にしたことがあるのではないでしょうか。でも、その都度違う色を聞いて、「結局何色がいいの?」と思っているかもしれませんね。

私も、「金運を上げるためにはお財布はどんな色を選んだらいいのでしょうか」と聞かれることが多いので、ここでお伝えしたいしておきたいと思います。

もちろん、全般的に金運にいいとされる色はあるのですが、厳密に言えば、その人その人で金運アップに効く色は変わってきます。生まれ月で表にしましたので、参考にしてみてください。

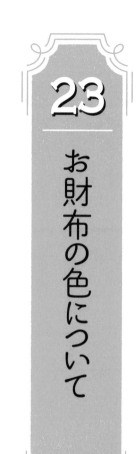

ただご自分の生まれ月の色を見て、

「今使っているお財布がその色じゃない。好みの色じゃないけど仕方ないな……」

と無理に変える必要はありません。

お財布は毎日あなたと過ごす持ち物のひとつです。お財布を大切にするためにも、ラッキーカラーにとらわれずにあなた自身がワクワクする気持ちが持てるものをお使いになるのが良いでしょう。

色が持つ波動を取り入れることが大事ですので、お財布そのものを変えなくても、たとえばその色の布を用意し、

◆家にいる時はその布でお財布を包む。
◆布の切れ端をお財布に入れておく。

などのように波動を取り入れても良いでしょう。

ぜひ、楽しい気持ちでお金と付きあえるようなお財布にしてみてくださいね。

あなたの金運アップは何色？

2・3月生まれ	黄色・茶色・ベージュ
5・6月生まれ	白・シルバー
8・9月生まれ	グリーン
11・12月生まれ	赤・ピンク・オレンジ
1・4・7・10月生まれ	黒・紺

◆あなたが気持ち良く使える財布なら、
きっとお金も心地いい！

24

行列のできるお財布

不思議なことに、お財布の中にも、お金が多く入ってくるお財布と、お金がイマイチ入りにくいお財布があります。

お財布からお金が出て行っては慌てて銀行から下ろして、いつもなんとなくお財布の中身が心配、という人は、ぜひ「種銭《たねぜに》」を入れてみてください。

なぜ種銭を入れておくと良いのかは、お金を人にたとえて考えてみましょう。

あなたがお昼ごはんを食べるお店を探している場合、昼時だというのにお客さんがいないガラガラのお店と、店内でたくさんのお客さんが食べていたり、または入りきらなくて行列ができているお店、どちらが気分的に入りやすい、または入りたくなりますか？

お客さんがたくさんいるお店の方が気になりますよね。

これと同じで、お金の立場から考えてみますと、先客がいなくて入りにくいお財布と、行列するほど活気があって入りやすい雰囲気のお財布があるのです。

「類は友を呼ぶ」

という言葉がありますが、**人もお金も同じ波動の人やお金が引き寄せられます。**

ですから、お財布に入っている金額と同じ波動を引き寄せると考えると、なるべく多くのお金が入っている方がいいのです。よく、新しくお財布を買ったときはお札の束を入れてその波動をお財布にうつすと良いとも言われます。

あまり大きい金額を持ち歩くのは不安だという人もいると思いますが、私が見てきた限り、お金のまわりが良い人のほとんどのお財布には常に10枚以上の1万円札が入れられています。

心理的にも、お金が常にお財布に入っている安心感によって逆に無駄な安物買いをしてしまうことを抑えられたり、自分はすでに豊かであるという心の余裕が良い出来事を引き寄せることにもつながりますので、ぜひ一度試してみてください。

✦ お財布には「自分が安心できる金額」を入れておこう。

25 お金持ちはスイーツをかかさない

お金の支払いは自分が得たものの対価。できればいつでも気持ち良く払いたいものです。

とは言え、たとえば高額な請求額を見た時などは、

「嫌だな〜」

「どうしよう」

などと、モヤモヤした気持ちになってしまうこともあるでしょう。実はこのモヤモヤも、お金に対する邪気になってしまうから要注意です。

そんな邪気をはらうのに、ひとかけらのスイーツが役に立ってくれます。

洋菓子、和菓子は問いません。スイーツを食べることで気持ちが落ち着き、緊張

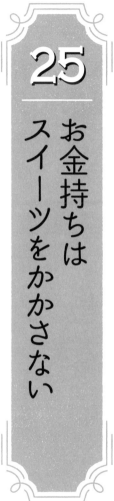

した体の無駄な力みをとってリラックスさせてくれるのです。

心身がゆるむことによって、邪気が出ていきやすい体になり、また心も働きやすくなるという仕組みです。

実際に、成功されている社長や経営者の方々は、甘いものを意識的に取り入れている方が多いのに驚きます。チョコレートやケーキ、シュークリーム、大福やおはぎなど、仕事の合間にひと口食べるなどしていて、しかも決して食べ過ぎることはありません。


お金を支払うことは「祓《はら》う」ことにも通じます。

本来世の中を循環すべきお金を、あなたの重い念で溜めこまずにサラッと流れに戻すことによって、より多くのお金がまたあなたのところに流れてくるのです。

スイーツを上手に取り入れながら、リラックスしてその流れを待ちましょう

◆甘いものは心と体をゆるめる即効薬！

26 お賽銭箱は金運アップの魔法の箱

神社にお参りする時、あなたはいくらお賽銭を入れていますか？

本来お賽銭というのは、前回の心願成就の「お礼」として奉納するものです。ですからこれから起こることのサポートをお願いする時は、**何の見返りや利益も保証されない将来の物事に、先に感謝してそのぶんのお礼を先に奉納するということ。**

基本的には、感謝の気持ちがあればお賽銭の金額は高くても低くても関係ありません。しかし、ここで試してみてほしいのが、お賽銭箱にこの国で一番価値の高い紙幣である1万円札を入れてみることです。

私自身、ここぞという時はいつもそうしていますが、その恩恵を改めて実感した出来事が、何年も前にありました。

その当時、準備していた事業に必要な金額がけっこう大きなものだったので、資金繰りを考えつつ箱根の神社に足を運びお参りをすることにしました。そこで、自分の決意を感謝とともに神様にお伝えしたいと思い、1万円を賽銭箱に入れました。

すると数日後、様々な偶発的な出来事が重なって、なんと8ケタもの大金が私の元に転がり込むことになったのです。

実はこれはちょうどその時に準備していた事業に必要な金額で、タイミングといい、事由といい（もちろん不正に得たものではありません）、本当に神さまからのギフトのように手に入ったので、さすがにびっくりしてしまいました。

「お金が欲しい」という想いで頭の中も心もいっぱいになっている時は、良い出来事やお金を受け取る隙間がない状態とも言えます。

たとえば、いくら探しても見つからなかった物が、忘れた頃にひょっこり目の前に出てくることがあります。見つけるという執着を手放した時に起きる現象です。

これと同じく、1万円をお賽銭箱に入れることというのは、**お金に対する凝り固まった執着を手放すことになるのです。**ぜひあなたも試してみてください。

♦執着を手放した時、受け取れる。

27 仕事メールには「1、6、8」を忍ばせる

風水で運気を上げる数字とされている「1」と「6」と「8」。この中でも特に「6」は仕事や出世に、「8」はお金に縁のある数字とされています。

これらの数字を、日ごろ仕事などで多く利用するメールに活用してみましょう。

たとえば、

◆冒頭の宛名を、空欄のスペース部分も含めて6文字や8文字にする。

（例）「清《1》目《2》太《3》郎《4》様《5》」であれば5文字なので、1文字分空欄を入れて「清《1》目《2》　《3》太《4》郎《5》様《6》」にしたり、「様」を平仮名にして「清《1》目《2》太《3》郎《4》さ《5》ま《6》」とするなど。

◆メール文の行数をトータルで6行や8行にする（長文になる場合は、改行部分も含めた行数を16行や28行にするなど下1桁を「6」か「8」に合わせてみる）。

などを意識してメールを書くようにしましょう。

今やメールは私たちの日常に欠かせない連絡ツールになっています。

特に仕事では、電話で話すよりも多くのやり取りをメールで行っていることが多いという人も多いのではないでしょうか。中には一度も会ったり話したりもせず、メールのやり取りだけですべての取引が完了することも多くなりました。

それでも、手段はメールやインターネットであっても、その向こうにいる相手はやはり「人」。

お金のことを「お足」ということがありますが、これは人が足でお金を運んで来てくれるということからきています。つまり、**「人とのご縁」が金運につながる**ということを表しているのです。

メールをうまく活用して人とのご縁をつなぐことで、金運を上げるのに大切な仕事も円滑に進めることができます。

メールにはラッキーナンバーを忍ばせて
ご縁をつなごう!

28 700円より800円のランチ

何度も書きますが、「8」は金運、財運を呼び込むとてもパワフルな数字です。金運をアップさせ、お金を引き寄せるために、数字の「8」を使うことを常に意識してみましょう。

生活にこの「8」を意識的に取り入れることで、いつのまにか日頃の流れが変わり、行動が変わり、起きる出来事が変わり、結果的に引き寄せられた金運で生活が向上していくケースをこれまでたくさん見てきました。

たとえば、電話番号、メールアドレス、車のナンバー、レジや窓口、電車や飛行機、映画館の座席番号など、日常で数字を選ぶ場面は意外とあるものです。この時に、できるだけ「8」を取り入れてみましょう。

銀行口座であれば、預金通帳の残高の下1桁を「8」にする、キャッシュカードの暗証番号の下1桁を「8」にする、または暗証番号の数字を計算すると「8」になるように設定する、などでも良いでしょう。

ほかにもこんな取り入れ方でも結構です。

たとえば定食屋さんやレストランなどで、普段700円の日替わりランチを食べているところを、少し奮発して800円にするとか、または680円のランチにすると仕事運と金運の両方をアップさせることも可能です（「6」は仕事運に効く数字です）。

日常の多種多様な場面に散りばめられている数字たち。この何気ない数字に少し意識を向けてみることで、あなたのまわりの流れが変わり始めます。

そして、引き寄せる出来事も変わっていき、知らぬ間にあなたの金運はどんどん上がっていくことでしょう。

◆お金を引き寄せるラッキナンバーを
意識的に使うことで流れが変わる。

29 「お金助け」を心がける

お金を助ける、とはどういうことでしょうか?

たとえばあなたが電車に乗ろうとした時、なにげなく地面を見ると1円玉がポッンと落ちていたとします。

あなたはその1円玉を拾いますか?

それとも拾うのはなんとなく恥ずかしいと感じて、そのまま見なかったことにして素通りしてしまいますか?

昔、お金を大事にするということはどういうことかまだよく理解していなかった頃の私は、みごとに素通りをしていました。お金、しかも1円玉を拾うことが、まわりの人に「卑《いや》しい行為」だと思われるのではないかと思い込んで、見て見ぬ振りをしていたのです。

これが「お金を大事にしない」どころか「お金を見捨てる」という最悪な行動だとも知らずに……。


1円のお父さんは10円になります。10円のお父さんは100円です。100円のお父さんは1000円、そして1000円のお父さんは1万円になります。

もし迷子の子供を助けてもらったら、親はその人にどれだけ感謝することでしょう。これは実はお金にもあてはまります。

お金も、お父さんやお祖父さんがあなたに感謝の念を持ち、いつかお礼に行きたい、と思うのです。

あなたがこのような行動を心がけることで、商売繁盛が叶ったり予想もしない副収入が「お礼」としてやって来ることでしょう。

落ちているお金は「迷子」。
心を込めて助けてあげよう。

30 顔のツヤはお金を引き寄せる

人相ではよく「艶福家《えんぷくか》」と表現しますが、これは文字そのままの意味。顔にツヤがある＝福相の人、幸せを呼び込む人のことを言います。その人の内側から溢れ出るような輝きやツヤは、良い物事を自然に引き寄せる力があるのです。

今すぐ鏡を見て、もし自分の顔にツヤが少し足りないと感じたら、お化粧やクリームなどでツヤを出しましょう。

特に金運アップには、額と鼻のツヤが大切です。もっと細かく言うと、仕事運アップには額のツヤ、金運アップには鼻のツヤです。

女性は額や鼻の「テカリ」を気にする方も多いかもしれませんが、そのテカリは金運アップには欠かせないものなので、反対に大事にしてほしいと思います。

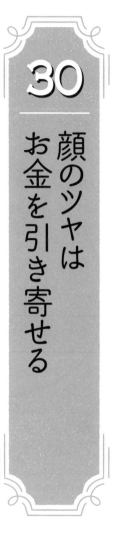

◆額と鼻のツヤを大事にしよう!

31 中華料理でさらに金運アップ

食事は日々の楽しみのひとつ。特に、ランチや夕食時にしっかりと食べるという方も多いのではないでしょうか。

食事を楽しみながら、さらに金運アップを目指しましょう。

あなたは毎日、どんな料理を好んで食べていますか？

和食、洋食、いろいろな料理がありますが、中でも私が特におすすめしたいのは中華料理です。

中華料理は油を使う調理が多いので、料理全体にきらきらとしたツヤがあります。

前の項にも書いた顔のツヤの話にも通じますが、こういったツヤのある食べ物を食べることで、良い運気を体に取り込むことにもなりますし、また物理的にも顔のツヤを出してくれるのに役立ちます。

私は経営者や芸能人の方の鑑定をさせていただくことも多いのですが、成功している方に好きな料理はと聞くと、不思議なくらいほとんどの方が中華料理が一番好きと言います。

そしてもちろん、皆さん例外なくお顔にツヤがあり光り輝いています。

中華料理の中でもさらにおすすめなのは、餃子と卵料理です。

餃子はもともと中国の昔のお金の形を表していますし、卵は料理全体にツヤを出すことによってきらきらと輝く金塊をイメージすることができます。

中華料理自体が、このように運気を上げる縁起の良いものを意識して考えられた料理が多いのです。

もちろん毎日中華料理ばかり食べていたら飽きますし、また油の取り過ぎにも注意が必要になってきます。ですから、1週間の中で中華料理の日を決めて、お友達や家族全員で楽しく金運アップを目指してみてはいかがでしょう。

♦ 楽しく食べて運気を上げよう。

32 靴の手入れとお金の関係

以前、それぞれ別の大手銀行で融資担当をしている人たちとお話しした際、お2人とも全く同じことを言っていました。

融資希望の方から申し込みを受ける面接の時、書類審査と質疑応答をクリアした最終段階で、必ずその方の靴を見るそうです。

特に高価な靴でなくても、きらきらとツヤがあり清潔に履いている人、逆に高価なブランド靴を履いていても汚れていたり埃がかぶっている人……もちろんそのことで融資審査の結果が左右されることはないのですが、後日、結果的には靴にツヤのある人はどんどん発展していき、逆に靴が高価でも汚れている人は事業が途中で挫折することが多いそうです。

よく、「足元を見られる」などと言いますが、日頃履く靴はたしかに金運を左右するほどの影響力を持っているのです。

実はこれは銀行融資だけの話ではなく、日常生活を送る私たちにも関係のあることです。

靴は、自分の体と大地をつなぐ大事なもの。つまり、大地から気を取り入れる際のフィルターのような役割も持ちます。ですから当然、靴にツヤがあり綺麗だと澄んだ良い気を大地から吸収でき、逆に靴が汚れていると、せっかくの良い気も靴の汚れが付いた状態で吸収してしまうのです。

足元にツヤを出すことによってご先祖や地の神に守られるとも言われます。常に意識して清潔感を保つようにしましょう。

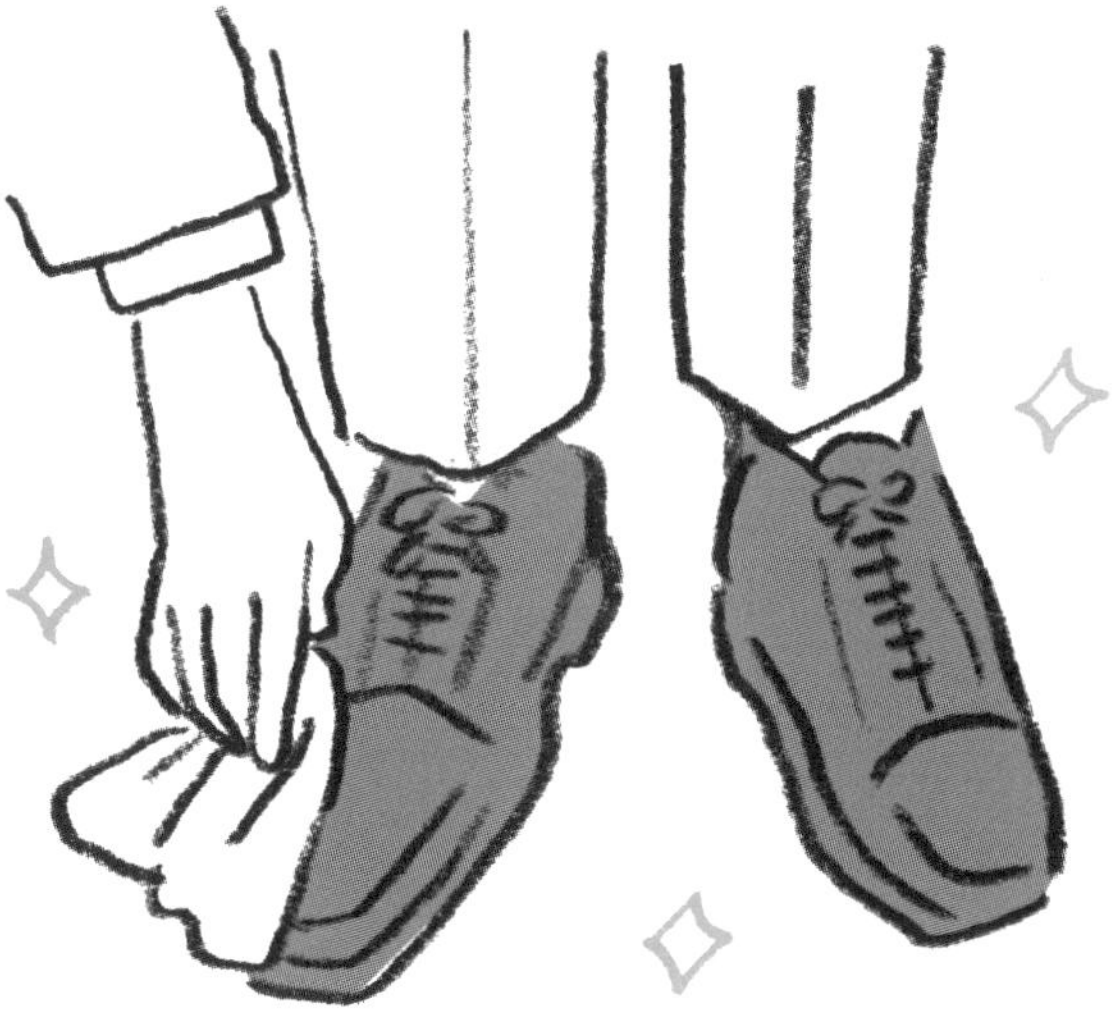

✦靴はあなたと大地をつなぐもの。
いつでもツヤを忘れずに。

33

お金が喜ぶ声の出し方

人は毎日声を出してコミュニケーションを取っています。機嫌の良い声、嬉しい声、優しい声、悲しい声、怒った声、怖い声など、声の調子にはその人の状態が表れるもの。たとえその人が目の前にいなくても、声を聞くだけで感じ取ることができるほどです。

実はこういった日頃の声の出し方でも、金運は左右されています。お金が喜び、思わず寄って来たくなるような声を出すようにしましょう。

お金が喜ぶ声とは、「ツヤ声」です。ツヤ声とは、明るい声、張りのある声、優しい声などを言います。

やる気がある力強い声がいいんだな！　と思うかもしれませんが、決してそれだけが良いわけではありません。張り切りすぎてまわりから浮いてしまう、まわりを萎縮させてしまうのは返って逆効果です。

ツヤのある声を出すには、まず思いやりが元にあり、まわりと調和しながら明るく巻き込んでいくことが大切なのです。まわりを楽しい気分にさせ、さらにやる気になり明るい声が返ってくるような空間を作れる声です。

このようなツヤのある声にはまわりが感応して、お金も人も喜んで応援してくれるようになります。逆にまわりを萎縮させたり怖がらせる声は、一時的に人が従い効果があるように見えますが、もともと思いやりや優しさがありませんので、結果的には嫌われてお金も人も去っていきます。

ツヤのある声の出し方がよくわからない方は次の方法を試してみてください。あなたの一番の笑顔で、正面より少し上を向いて「はい！」と声に出してみましょう。あまり深く考えなくても大丈夫です。鏡の前などで何度も繰り返し練習してみましょう。コツをつかんだら、その感覚で声を出すようにしましょう。

お金に好かれるのも嫌われるのも、あなたの声のツヤ次第です。

◆自分もまわりも明るくする声には
お金も人も寄ってくる！

34 受け取り上手になる

金運アップの根本的なお話をしましょう。

「マジメに働いているのに、お金は出ていくばかり」

「いつもがんばっているのに、望むお金が入ってこない」

誰しもこのような壁に一度は当たったことがあると思います。もしくは、今その壁に当たっている真っ最中の人もいるかもしれません。

なぜお金が入ってこないのでしょうか？

もしかしたら、あなたが知らず知らずのうちに**お金を遠ざける思考・行動をしてしまっているからかもしれません。**

たとえば、こんな行動を取っていませんか？

◆あなたがしたちょっとしたお手伝いに対して、謝礼をお支払いしたいと言われたが、「そんな、お金なんていいです」と遠慮して断ってしまう。

◆自分の作った商品や料理、提供する技術は素晴らしいのに、代金に関しては遠慮して安売りしてしまう。

きっとあなたは良かれと思って遠慮しているのでしょう。あるいは自己肯定感の低さから、ついつい、

「私にはそこまでの価値はない」

と思ってしまうのかもしれませんね。

しかし、天にはあなたのその謙虚な気持ちは伝わりません。**ただ「受け取らない」という行動、「いりません」という言葉だけが伝わってしまいます。**

すると、

「あ、いらないの？　じゃ、今のままで満足しているんだね」

と認識され、入ってくるお金はある一定の金額から増えなくなるのです。それはほかの誰でもなく、あなた自身が決めた金額です。

あなたに支払われるお金の値段は、あなたのそのままのがんばりを認めてくれる「祝福料」のようなものです。心から感謝をして、しっかりと受け取りましょう。受け取れる自分になると、どんどん「祝福料」が増えていきますよ。

あなたは心から、自分自身がお金を受け取る価値があると思っていますか？

自信がなくなりそうになったら、この言葉を声に出してみましょう。

「自分は、価値のある人間です！」

◆自分の価値は自分で決められる。

第3章

あなたの恋愛・結婚が
うまくいかないのは、邪気のせい?

恋愛・結婚運アップの邪気ばらい

35 過去の恋愛の念をはらう方法

過去の恋愛がスッキリ終わっていない、過去の相手と縁が切れないといった状況だと、恋愛運をアップさせるのはむずかしくなります。

なぜなら、別れた相手があなたに執着を持っていると、あなたに向かって歪んだ重い念が飛んでくるからです。

歪んだ重い念というと、憎しみやよこしまな感情のように思われるかもしれませんが、たとえあなたを思う気持ちが純粋な愛情で、あなたに迷惑をかけるつもりがなくても、あなたが望んだものでない限り、それは邪気に変わり、あなたは知らず知らずのうちにストレスとして受けることになるのです。

これは逆のパターンでも同じこと。

あなたが別れた相手に対して執着の念を持っている場合、相手に邪気を飛ばしてしまっているということになるのです。さらにはこの双方の邪気や念が同じ感情や波動でつながってしまうことで、お互いの運気をどんどん下げてしまいます。

そこで、その念を浄化することによって心をスッキリとさせ、新たな恋愛へと発展させていく方法をご紹介しましょう。

この重い念をはらうためには、塩（できれば粗塩）を使います。

まず、別れた相手や関係を断ちたい相手の名前を名刺や葉書サイズの紙に書きます。その紙に塩をまんべんなくかけるか、または塩の中に埋めてしまいます。しばらくの間、そのまま置いておくとさらに効果が上がっていきます。

自分の執着を解きたい時は、自分の名前を書いた紙に、この塩をかける、または塩の中に埋めておくことも効果的です。

邪気が無意識に飛び交っている場合、そして特定の相手が判断できない場合も、この塩を活用して過去の念を一括してはらってしまうと良いでしょう。

心も体もスッキリした状態になって、新たな恋愛運を引き寄せましょう。

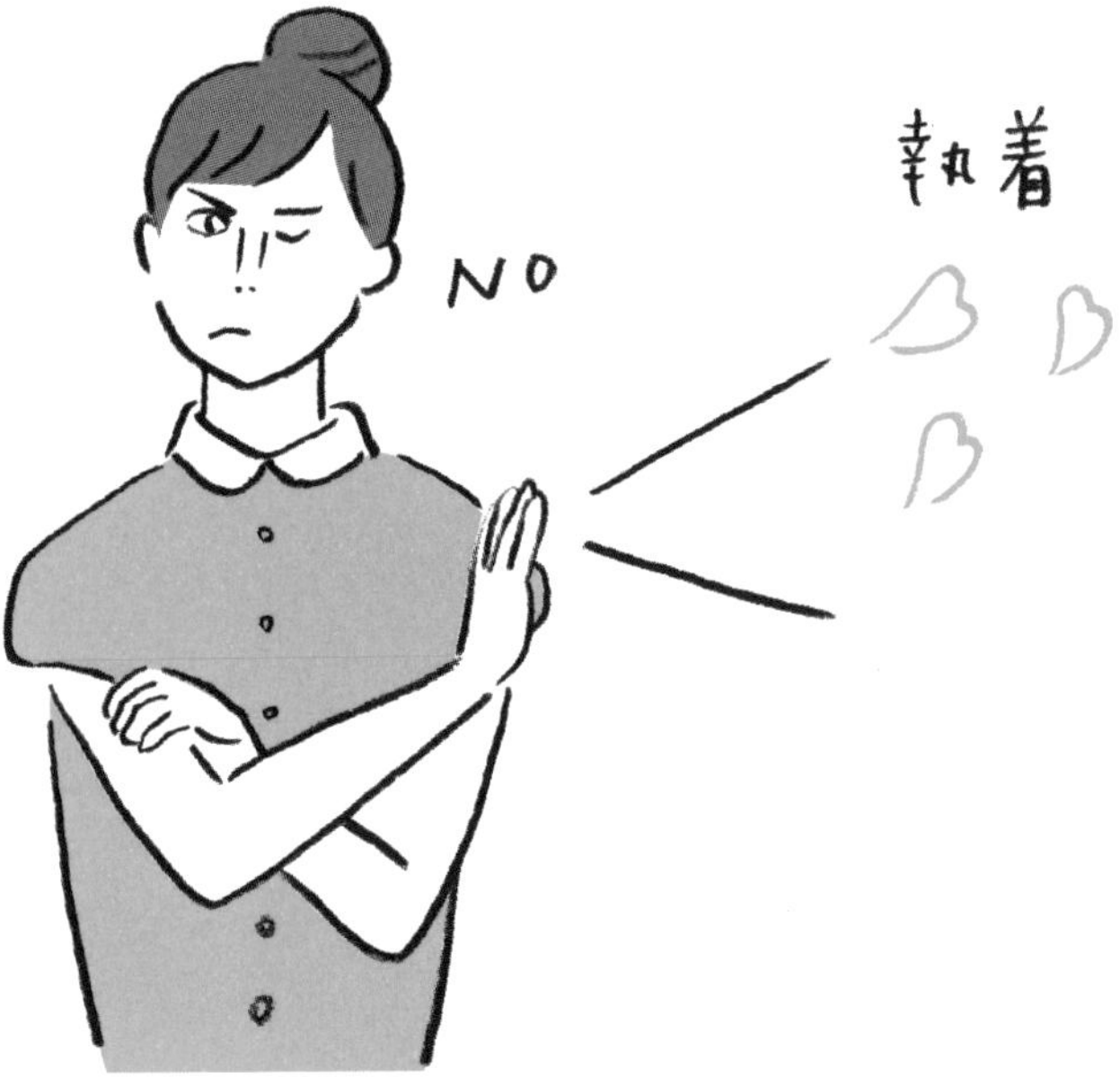

✦過去への念をスッキリ浄化すると、
新しいご縁がやってくる。

36 恋愛成就も塩の力で

塩には邪気をはらい、空間や対象物を浄化するパワーがあることは前にも書いてきましたね。

実は、悪いものが良くなるということは、始めから良いものはさらに良くなるということ。縁切りや邪気ばらいでは塩は浄化の道具ですが、人間関係や恋愛の成就のために使う場合は、**良好なご縁を引き寄せる道具となります。**

恋愛成就を願う方法をご紹介しましょう。

1．名刺や葉書サイズの紙を2枚準備します。これらの紙に、それぞれあなたと相手の名前を1枚にひとりずつ書き入れます。

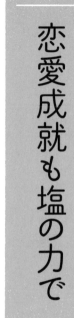

2．その2枚の紙を背中合わせに貼り付けて、1枚にします（ここが非常に大切な部分です。必ず1枚にしましょう）。

3．この紙に塩をまんべんなくかけるか、または、この紙を塩の中に埋めて、しばらくの間そのまま置いておきます。

これは、恋愛成就にたいへん効果的な手法です。

また、仲直りをしたい異性がいる場合も、この手法で試してみると良いでしょう。ただし、一度破局した恋愛関係の復縁を目的とする場合はおすすめしません。結果として別れているものを一方的な希望で無理やり付け直しても、お互いの関係に副作用が生じるだけで、最終的には良好な恋愛関係にはなりませんので十分に注意しましょう。

この手法を行う場合は、健全な恋愛関係の成就を目的とする方が良いでしょう。

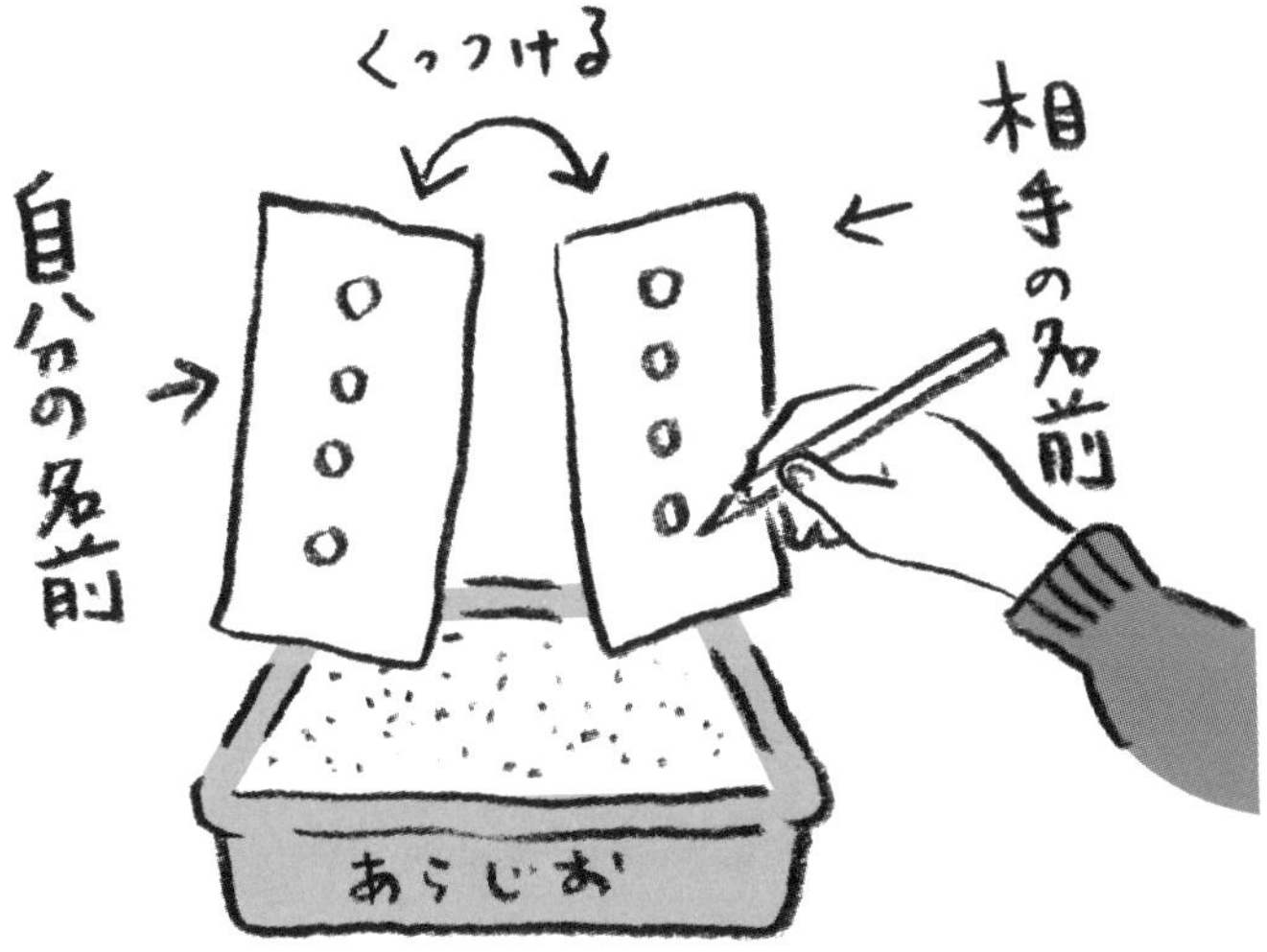

◆夫婦の絆を深めたい、2人の関係を
再び活性化させたい時にも有効。

37 元恋人、元夫（妻）への想いを断ち切る

あなたには、忘れられない過去の恋人や元夫（妻）はいますか？
たとえ色々なことがあって別れたとしても、一度でも心から相手を愛した時間や楽しかった時間は、簡単には忘れられないものです。

でも、せっかく新しい相手と出会ったのに、わざわざ前の人と比べてしまったり、気がつくと前回と同じタイプの人と付き合ってしまうことはありませんか？

次こそは幸せになりたいと思いながらも、なぜかまた同じことを繰り返してしまうのはなぜでしょう。

これは、過去に対するあなたの執着心がそうさせているのです。

過去は良い思い出であり、価値のある勉強です。そして、**別れは学びが終わった合図であり、相手との関係を卒業したということです。**

もちろん、すべてがいい思い出に変わるまでは時間がかかるかもしれませんが、絶対に心で相手を追い続けてはいけません。学びが終わったら、素直に相手に感謝をして心をスッキリと空けることで、新たな運気、新たな流れを自分の中に呼び込むことができます。

そして、もう一つ注意すべきことがあります。それは、
「私がいなくてあの人は大丈夫かな? ちゃんとやっていけているかな?」
などと、**別れた相手を心配することです。**

相手はもう別の人生を歩んでいますし、何が起きてもそれはその人の学びです。相手の新たな人生にあなたが介入することはできません。

前の関係に執着を持ってしまうと、せっかくあなたにやって来ている新たな恋愛の流れをせき止めてしまいますよ。もし自分の中にまだ執着があると感じられたら、次のワークをやってみてください。

1．胸の真ん中（ハートチャクラ）に両手を重ねて置きます。

2．「今の自分を認めます」と声に出して言いましょう。

無理に執着をなくそうとしなくて大丈夫です。執着心を持っているそのままの自分を認めてあげましょう。

3．心が落ち着くまで、何度も繰り返します。

これを繰り返すことで、今まで頑なだった心が少しだけゆるみます。このゆるみを毎日少しずつ広げていくうちに、いつの間にかスッキリと心が晴れるのを感じられるはずです。

苦しい時は、ぜひ試してみてください。

◆自分を心から認めることで、
過去への執着をゆるめよう。

38 元恋人、元夫(妻)からの執着を断ち切る

前の項目で、過去の恋愛に執着を持たないことの大切さを書きました。

今回はこれと表裏一体の現象である、前の恋人や元夫（妻）から受ける執着についてお話しします。

こちらがすでに関係を断っているにもかかわらず、電話やメールが相手からくる場合がありますね。そんな時、あなたはとりあえず要件だけでも聞いてみようと、受け取ってみますか？　それとも、まったく相手にしませんか？

この対応の差で、恋愛運のアップダウンの差が大きくなります。

相手から連絡が来るということは、相手にまだあなたに対する執着心（邪気）があるということです。

あなたが寂しい時は特に、その執着心を相手の優しさと勘違いしてしまいがちなので注意が必要です。すると、相手と同じ波動でつながり、執着の念が移ってしまうのです。

別れた相手に、自分が寂しいがために優しく応じたり、少しでも思わせぶりな対応をしてしまうと、さらに執着の念がまとわりついてしまい、一気に新たな出会いの運気を下げることになります。

パートナーと別れた後は、時には無性に寂しさを感じて、

「私にはもう一生いい出会いがないのではないか？」

と思うこともあるでしょう。

しかし、「陰極まれば、陽になる」というように、そのように感じるというのは、**実は次の出会いが目の前まで来ている兆候なのです。**

すでに関係を断った相手の連絡を受け取りたくなった時は、少し間を置き、次の出会いが近いことを思い出しましょう。大事なのは、相手からの執着の念を受け取らないことです。

✦邪気は心の隙間に寄ってくる。
くれぐれも受け取らないように！

39 消せない連絡先は「邪気の元」

恋愛運アップのためにいろいろな過去の物事をスッキリと清算していても、肝心なものを断っていないことがあります。

あなたの携帯電話やスマートフォンには、「過去の相手の連絡先」がまだ残っていませんか？

確かに完全消去するのは勇気がいります。あるいは連絡を受けないためにあえて連絡先を残しておく場合もあるかもしれません。でも、その残っている連絡先が知らないうちにあなたの運気を下げているとしたら、どうでしょう。

どんなに体の内側を浄化しても、常に持ち歩き頻繁に使う携帯電話やスマートフォンに「邪気の元」を残していては、そこから邪気や執着の波動がもれ出て、少しずつあなたにまとわりついているということになります。目に見えない電磁波を体に受けているのと同じようなイメージです。


世の中では「断捨離」という言葉をよく聞くようになりました。要らないものを捨てることによって執着を手放すことを目的としています。

そうです。人はこの断捨離で、自然に邪気ばらいをしているのです。

ところが、お部屋の大掃除をしたり、着なくなった服を捨てることはできても、多くの人はもう連絡を取らない何年も前の相手への執着は、そのまま捨てられずに残していたりします。

それがすでに相手にも通じない古い連絡先であったりすると、過去の残骸だけを「邪気のかたまり」として残してしまっていることになるのです。

出会いの運気がイマイチ上がらないと思った時は、自分がこの邪気の元を持っていないかを、一度チェックしてみましょう。

「いつか着るかも」と残しておく洋服と同じで、「いつかまた連絡することがあるかも」という「いつか」はほとんどやってこないものです。

なんとなく消せない連絡先は「邪気の元」。
手放してしまえばスッキリしますよ!

40
気になる人との連絡はこの時間帯に

よく「恋愛はタイミング」と言いますが、**どんなご縁でも、動くのに最適な時期や瞬間というものがあります。**

たとえば食事やデートに誘うメールを送るにしても、そのタイミングを逃してしまうと、相手にほかの予定が入ってしまったり、ほかの異性からのアプローチに心が揺れてしまったり……様々な要因でうまくいくものも行かなくなってしまいますので気をつけたいもの。もちろん、その逆で、タイミングをばっちりつかんだからこそうまくいくパターンもあります。

1日のうちの特に恋愛運がアップする時間帯を表にしてみましたので、大事なメールやメッセージを送る時は参考にしてみてください。

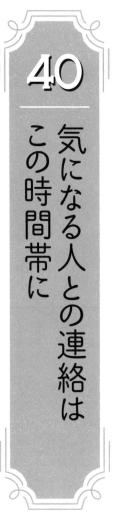

女性の場合

2・3月生まれ	15時〜19時
5・6月生まれ	21時〜24時
8・9月生まれ	11時〜13時
11・12月生まれ	7時〜9時
1・4・7・10月生まれ	3時〜7時

男性の場合

2・3月生まれ	13時〜15時
5・6月生まれ	15時〜19時
8・9月生まれ	3時〜7時
11・12月生まれ	11時〜13時
1・4・7・10月生まれ	21時〜24時

◆上記+相手の都合や状況も考えて。

41 数字を使って恋愛運アップ

人生において、パートナーとの出会いは非常に重要なことです。

これからの出会いを求めている人は、その出会いによってひとりの人生からパートナーとの2人の人生にシフトすることになります。そこから歩き出す人生はひとりの時とはまた違った道を行くことでしょうし、またすでにパートナーと呼べる相手がいる人も、相手との良好な関係、円満な関係を継続していくことは人生の大きなテーマとなるでしょう。

あるいは、まわりからは幸せそうに見えても、実はお互いを受け入れられずに悩んでいたり、心がすれ違ってしまうような関係の人もいたりします。

質の良い恋愛・結婚運を引き寄せるには、あなたの恋愛・結婚の「気」を、質の良いものにすることです。

第2章の金運のお話でも数字を使うことをおすすめしましたが、恋愛・結婚運にも良い気を運んでくれる数字があります。

それは、「1」「4」「9」です。

「1」は出会ってすぐに直感的に相手に好意を抱き恋愛に発展する数字。

「4」はその逆で、しっかりと整えていくという意味があり、時間をかけながら順調に愛を育んでいくような意味のある数字です。

そして、「9」は祝い事、「寿」という意味があるのです。

これらの「1」「4」「9」を合わせて、「恋愛成就の数字セット」として使います。

電話番号やメールアドレス、暗証番号など普段の生活でよく使う数字にこれらを組み込んで意識的に使うようにしましょう。(もちろん各数字をひとつずつ使用しても構いません。)

あなたのまわりに起こる出会いの流れが変わり、理想の相手を引き寄せてくれる力があります。

♦恋愛用ラッキーナンバーを使って
あなたの恋愛の気を整えよう！

42 あなたの恋愛運に効く色は？

色にもそれぞれ特有の波動があります。あなたも、「赤い服を着ると元気が出る」とか、「青い空を見ると落ち着く」などと誰かから聞いたり、または自分で思ったりしたことはあるのではないでしょうか。

これは、その色が持つ波動が私たちの心身に作用して、そのように感じさせているのです。ですから、目的に合った色を身に付けることで、色が持つ波動を取り込むことができます。

そこで、あなたの身に付ける服や靴、日頃持ち歩くカバンや手帳、ハンカチやスマホカバーなどに、あなたに合う恋愛運アップの色を取り入れてみましょう。

生まれ月ごとに表にしてみましたが、もしかするとあなたの「好きな色」と違うこともあるかもしれませんね。むしろ苦手だと感じている色の場合もあります。

もちろん好みは人それぞれなのですが、違う角度から考えてみますと、あなたがその色を苦手に感じて避けているのは、もしかすると「無意識に恋愛や出会いを遠ざけている」せいかもしれません。

その場合、あえてその色を使ってみることで、長年とらわれていた「恋愛に対する無意識の心のブロック」が外れることもあります。


さらには、ある色が「別れた恋人を連想させる色」であったり、「恋愛で傷ついた出来事を思い出してしまう色」であることもあります。でもそのような色であっても、あえて使ってみることをおすすめします。

過ぎたことを忘れるには少し時間がかかるかもしれませんが、この色を使うことでむしろ過去をきれいに清算して振り払うことができます。

そうするとさらに新たな出会いを引き寄せやすくなりますよ！

女性の場合

2・3月生まれ	白・シルバー
5・6月生まれ	黒・紺
8・9月生まれ	赤・ピンク・オレンジ
11・12月生まれ	黄色・茶系
1.4.7.10月生まれ	グリーン

男性の場合

2・3月生まれ	黄色・茶系
5・6月生まれ	白・シルバー
8・9月生まれ	グリーン
11.12月生まれ	赤・ピンク・オレンジ
1.4.7.10月生まれ	黒・紺

✦ワンポイントでもOK!
自分の恋愛カラーを身につけよう。

43

合コンがうまくいく食事

あなたは食べることが好きですか？　美味しいものを食べて恋愛運がアップするとしたら、それは嬉しいことですよね。

ここでは、恋愛の運気をアップさせる食事（味覚）についてお話ししたいと思います。

生まれ月によって恋愛運をアップさせる味覚が違いますので表に挙げてみます。

友達とのランチ、飲み会、日中のおやつ、自宅でのんびり食べる夕食など、日頃の食事で積極的に取り入れてみましょう。

恋愛運アップの料理を食べる場面で一番効果的なのは、やはりデートや合コンのよ

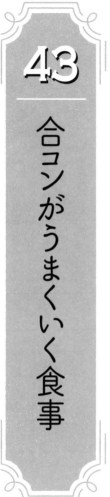

うな場面です。

そのような時は、ぜひ表を参考にして、たとえば次のような料理やデザートを選んでみてください。

・辛いもの…わさびやからしを付ける料理、麻婆豆腐、キムチチゲなど
・塩辛いもの…しょうゆ味や塩味の料理など
・苦みのあるもの…ゴーヤや根菜の料理、コーヒーなど
・甘いもの…洋菓子や和菓子、甘いフルーツなど
・酸っぱいもの…酢の物や酢豚、トムヤンクンなど

ただ運気アップが目的とは言っても、ひとつの味だけに偏ってしまっては、健康や美容に良くありません。常日頃からバランス良く食べ、ここぞという時には取り入れるようにするようにしてみてましょう。

女性の場合

2・3月生まれ	辛いもの
5・6月生まれ	塩辛いもの
8・9月生まれ	苦みのあるもの
11.12月生まれ	甘いもの
1.4.7.10月生まれ	酸っぱいもの

男性の場合

2・3月生まれ	甘いもの
5・6月生まれ	辛いもの
8・9月生まれ	酸っぱいもの
11.12月生まれ	苦みのあるもの
1.4.7.10月生まれ	塩辛いもの

✦デートや合コンの時はお試しを！

44 願いは潜在意識が叶えてくれる

恋愛においては、なりふり構わず相手を追うより、むしろ追いかけない方が恋愛成就の確率は上がります。

これは追いかけないことの心理的なかけひき効果もありますが、実は潜在意識の願望成就システムも大きく作用しているのです。

あなたにもこのような体験はありませんか？

「ある問題解決の方法をずっと思いつかずにいたが、少し日が経ち、問題そのものさえもすっかり忘れてしまっている時、リラックスしているとふと以前のその問題の答えがポンと思い浮かんだ」

「部屋で失くした物をいくら探してもその時は見つからず、その探し物のことをすつかり忘れているタイミングでひょっこりその失くし物が出てきた」

人の行動のほとんどは、潜在意識で選択していると言われます。一度願望が潜在意識に強く届くと、**自分自身がそのことを忘れていても、また眠っている時でも、潜在意識がずっとその宿題を解いているということなのです。**

恋愛の願いを潜在意識に成就してもらうのに効果的な方法をお伝えしましょう。

心の中であなたの願いを、「〜したい」ではなく、「〜した」と完了形で強く思います。口に出してもいいですし、ノートに書き出すのも良いでしょう。そして幸せな自分と相手の姿をできるだけ具体的なイメージで思い描いてみましょう。

しっかりと願いを思い描けたら、それが執着に変わる前にスッキリ手放します。相手を強く思い過ぎてしまうと、結果的に心や行動で常に追っていることになるので注意しましょう。

潜在意識はあなたのがんばりや行動に関係なく、常にその問題を解いています。

ですから、恋愛成就もリラックスしながら次のヒントや合図が来るまで楽しく過ごしている方が、答えを早く受け取れますし、良い結果に結びつきますよ。

◆願いを確実に潜在意識に届けたら、
あとはお任せ！

45 「理想のパートナー」の引き寄せ方

あなたの理想のパートナーはどんな人ですか？

私のところに恋愛・結婚についての鑑定や相談にこられる方々に、理想のパートナーについてお聞きすると、次のように答えられる方が少なくありません。

「私を養ってくれる男性」

「生活の面倒を見てくれる人」

もしあなたの理想項目の中に、このような項目がある場合は、大変マズイです。

なぜなら、これまで書いてきたとおり、**すべてのものごとは同じ波動のものを引き寄せる「類友の法則」が働くからです。**

つまり、

「誰か私の面倒を見てくれる男性はいないかしら？」

と考えている女性には、

「誰かオレの面倒を見てくれる女性はいないかな〜？」

と考えている男性が現れることになるのです。これはちょっと嫌ですよね。

こうならないためには、どのような理想を持てば良いのでしょうか？

それは、理想を逆の言い方に変えればいいのです。

「私はひとりでも、何も困ったことは起こらない。ひとりで生きても大丈夫！」

このように考えていますと、

「オレ、ひとりでも全然大丈夫。何も生活困っていないし」

というような、同じ波動の男性を引き寄せるようになります。

お互いに困っていないので、相手に依存もしませんし、相手を無理に変えようともしません。やりたいことを自由にやったり、応援してくれます。

この方法で現実にこのようなお付き合いを引き寄せた相談者さんを、これまでたくさん見てきました。

くれぐれも相手に依存する心のままで理想を求めないようにしましょう。

✦「類友の法則」はあなたの想ったこと
そのままを、忠実に呼び込む。

46 運命の人を引き寄せるツヤ

顔のツヤには金運アップの力があると書きましたが、同じく恋愛運アップの力もあります。

恋愛運の場合は、特に目尻の横の部分のツヤが大事になります。

この場所は人相では「妻妾宮《さいしょうきゅう》」と言い、彼氏や彼女、夫や妻との関係や状態、出会いの縁があるかを観る場所です。恋愛運が高まってくると、自然にここにツヤが出てきます。

鏡を見る時は、このツヤが出ているかどうかを意識しながら観てみましょう。

ツヤが足りないと感じた人は、クリームやお化粧できらきらのツヤを足しましょう。また、妻妾宮をほのかにピンク色に化粧をするのもおすすめです。

そして顔のツヤと同じぐらい恋愛に大事なのは、髪のツヤです。

頭は天（宇宙）に通じています。頭を清潔にして髪にツヤを出すと、天のご加護があり、神様が味方についてくれるのです。

神様はいつも、あらゆる人の願いを叶えてあげたいと思っています。特に恋愛成就の願いは、この国の永続発展にもかかわる重要なことなので、なおさら叶えてあげたいと思っているのです。

たとえば、そんな恋愛の神様が天から多くの人を眺めていて、自分の願いを現実に受け取る準備のできている人を探しているとします。

上から見ると皆さんの頭が同じように見えますので、頭や髪がツヤツヤに輝いている人から、願いを叶えるための現実を与えていくのです。

イメージ的には、神様は光のような輝きで、その人の中に願いが成就する現象を送り込んできますので、同じ波動の輝きを出している人にしか受け取れないとも言えます。

ですから、あなたの髪にツヤを出すと、新しい出会いの準備ができたという合図を神様に出すことになります。すると神様は、同じく新しい準備のできている相手を見つけ出し、見えない糸のようなものでつなげてくださるのです。

もし、髪に元気がなかったりツヤが足りないと感じる場合は、髪の手入れをこまめにして、トリートメントやワックス、スプレーなどで意識的にツヤを出してみましょう。


最後に、服のツヤについても考えてみましょう。

邪気の中には、恋愛を邪魔する「別れさせ屋」のような邪気があります。

その邪気は、いつもなにかに心配している人、すぐに不安がる人につきやすく、せっかく上手くいっている恋愛もだんだんと疎遠にしていったり、理解の食い違いからケンカをさせて別れさせたりします。

そのような邪気も、明るい光やツヤ、明るい笑顔などには寄り付きません。なるべく明るく華やかな色の服を着るようにしましょう。

黒っぽい服が好きで、どうしても明るい色に抵抗がある人は、せめてキラキラ光るアクセサリーや、靴などの小物でツヤを取り入れましょう。

✦ツヤで全体を包むと、恋愛の神様が
あなたを見つけやすくなる！

47 恋愛上手は合いの手上手

あなたが異性と食事に行ったり、デートをした時、自分は楽しいのに相手がイマイチ楽しんでいないように感じたり、逆にあなたが相手に魅力を感じなくなってしまったことはありませんか？

最初に相手に抱いた印象と違ってしまうのには、大きな原因があります。それは、相手との会話がうまくいくかどうかです。

こう書くと、

「そんなこと言われても、人見知りだし……面白い会話も苦手だし」

と思われるかもしれませんね。大丈夫です。決してこなれた会話術や専門知識などが必要ということではありません。

デートの時、相手もしくはあなたのどちらかが、一方的に話してしまっていませんでしたか？　気持ちが盛り上がってしまうと、気がつけば自分のことだけをずっと話しているということがよくあります。

あなたがその恋愛を上手く続けたい、成就させたいと思う時は、**とにかく相手の話を聞くことに集中することです。**（となると相手が一方的に話すことになってしまうように感じますが、自分は「意識的に聞き役に徹している」ので大丈夫です。）

ここで重要なのは、ただの聞き役ではいけないということです。

ただ聞いている人の表情は、無表情だったり、あるいは親身に聞きすぎて眉間にシワが寄ってしまうなど、ちょっと怖い顔になってしまいます。

これでは逆効果です。出会いを恋愛成就につなげる、いい聞き役としてのポイントがあります。

まずは、よく頷くこと、首をタテに振ることです。

首をタテに振ることで体が肯定的で前向きな波動を発します。同時に相手の話にも反応している意思表示になります。

次に、相手の目を見ることです。

頷いてはいるけども、相手の目を見ないでいると、普通は少し下の方を見ることになります。あなたが話を親身に聞いていても、相手からはその内容をジャッジしている厳しい姿に見えてしまいます。

そして、その中でも一番重要なのが、声を出して返事をすること。つまり、「合いの手」を入れることです。

相手の話のテンポに合わせて、短い返事を入れていくと、相手もこちらの目を見るようになり、お互いの波動も合ってきます。

この合いの手は少々練習が必要になりますが、効果は絶大です。

ポイントとして、相手と呼吸を合わせることと、話すスピードを合わせることに意識してみましょう。

この合いの手で、デートや合コンの場で魅力的な存在になることは間違いなしです。ぜひ試してみてください。

◆合いの手上手は愛され上手♪

48 恋愛成就の魔法のログセ

あなたの恋愛成就を呼び込むためにすべき大切なこと、それは、**人の恋愛、結婚を心から祝福するということです。**

自分の親しい人に、結婚などおめでたいことがあった時は、心から祝福をしましょう。そうすると心が温まり、おめでたいことが起きたその人と同じ波動になれます。同じ波動になれれば、同じ現象を呼び込みやすくなるのです。

そして、さらにあなたに恋愛成就を呼び込む魔法のことばがあります。

それは「よかったね（あなたにいいことがあって、よかったね！）」です。

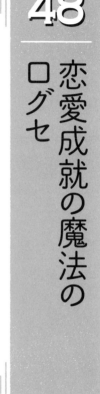

この言葉はすごく単純なように思えますが、実はとても奥深い言葉です。

たとえば、自分から遠い存在の人、あなたの応援している有名人などが順調な交際をしている、または結婚をすると聞いた場合は、「よかったね！」と素直に喜び、ますます応援しようと思うことができるでしょう。

でもなぜか、それが友人や同僚など近い存在になると、「よかったね！」という言葉が出なくなったり、素直に喜べなくなったりします。

近しいぶん、ついつい「なぜあの人に幸せがやってきて私には来ないのか」と比較してしまうこともあるかもしれませんね。でもこのような嫉妬の言葉は、あなた自身の恋愛成就の大敵になってしまうので、絶対に避けましょう。

親しい友達のような近い存在の人におめでたいことが起きる場合、実はそれは、あなたのすぐ近くまでおめでたい出来事（波動）が来ているということ。その時に発する言葉ひとつで、次は自分におめでたい出来事を呼び込むことができやすいということです。

それが、その人と同じ波動になれる言葉、「よかったね！」です。

次はあなたが良い出来事を受け取るのか、せっかく隣まで来ているのに遠ざけてしまうのか、それはあなた次第です。

✦良いログセは良い出来事を引き寄せる！

49 「天国言葉」と「地獄言葉」

最後に、恋愛・結婚に限らず、あなたの人生全般に効く、この魔法の言葉について書いておきます。

この本を、時間が無くて終わりから読む人もいるでしょう。

立ち読みでパラパラと最後の項目を読む人もいるでしょう。

終わりから読まれた人、偶然このページを読んでいる人、始めからしっかりと読まれている人、なんでもいいです。

なにはともあれ、この「天国言葉」だけでもお持ち帰りください。

これは、納税日本一で有名な大富豪、斎藤一人さんが教えてくれる「魔法のことば」です。

今生きている人生が、金運も人間関係も、ガラッと天国に変わる言葉です。
今、あなたに起きている物事を、**この天国言葉を使うことで心の持ちようが変わり、結果的に感謝と幸せに変わっていくという、大正解の言葉なのです。**

◆天国言葉
「愛してます」
「ついてる」
「うれしい」
「楽しい」
「感謝します」
「幸せ」
「ありがとう」
「許します」

この言葉を使っていると、どんなに困ったことが起こっているようにまわりから見えても、また、あなた自身が大変困ったことが起きていると感じていても、そのような感情がだんだんと消えていき心が晴れやかになり、困ったと思っていたすべてのことが学びであったと気づきます。

するとその気づきが感謝になり、学びがあなたの器を大きくします。あなたの行動が心から変わっていくようになります。

そして、感謝と学びによってステージアップしたあなたは、目の前で起こるすべての出来事をあなたの幸せに変えていくことができるのです。

逆に、この言葉を発するとたちまち邪気が集まり、すべての運気を一気に落としてしまう「地獄言葉」というものもあります。

◆地獄言葉

「恐れている」

「ついてない」

不平不満

愚痴・泣きごと
悪口・文句
心配ごと
「許せない」

人間、生きているとこのようなネガティブな言葉をついつい発したくなる出来事もあることでしょう。

でも、どんなにこの「地獄言葉」を声に出したいような状況になっても、絶対に口にしないことが運気アップ、幸せへの近道です。

天国言葉でさらに元気になり、あなた自身とまわりの人たちの心に灯をともしていきましょう。

天国言葉

地獄言葉

◆天国言葉でみんなで幸せになろう！

切り取って使える!

邪気をはらい、幸運を引き寄せる護符

●護符の使い方、持ち方

基本的には常に身に付けておくことをおすすめしますが、家内安全のお札などは玄関に貼っても良いでしょう。持ち歩く場合は、護符を小さくたたみ、人に見えないように身に付けます。

●護符の効果

護符の効果は1年から長くて3年だと言われ、護符の目的にもよりますが一般的には1年ほどだと言われます。その期間が過ぎても効果がなくなるわけではありませんが、時間が経つにつれだんだんと護符も汚れ、効果が弱まってくるとされています。

●自分以外の人のための護符

家族や友人などについての祈願があるが、本人には渡せないという場合は、護符を白い封筒に入れ、表にその人の名前を書いて祈願すれば良いでしょう。

●護符の処分法

神社やお寺でいただいたものは、神社やお寺に返すのが一般的です。また自分で処分する場合は、白い半紙に御符をつつみ、そして粗塩をかけて燃やします。かしこまった作法なども多々ありますがあまり気にせず、その護符に対して感謝の気持ちで処分すると良いでしょう。

●その他の注意点

護符は人に見られないことが一番良いのですが、人に見られても効果がなくなるわけではありません。ただし、その護符の目的や意味を人に話してしまうと効果が弱まってしまうと言われています。ご自宅やお部屋で護符のことを聞かれた時は、海外のお土産やいただきものなどと話しておくのが無難でしょう。

天災から身を守る護符

病気、邪気を除ける護符

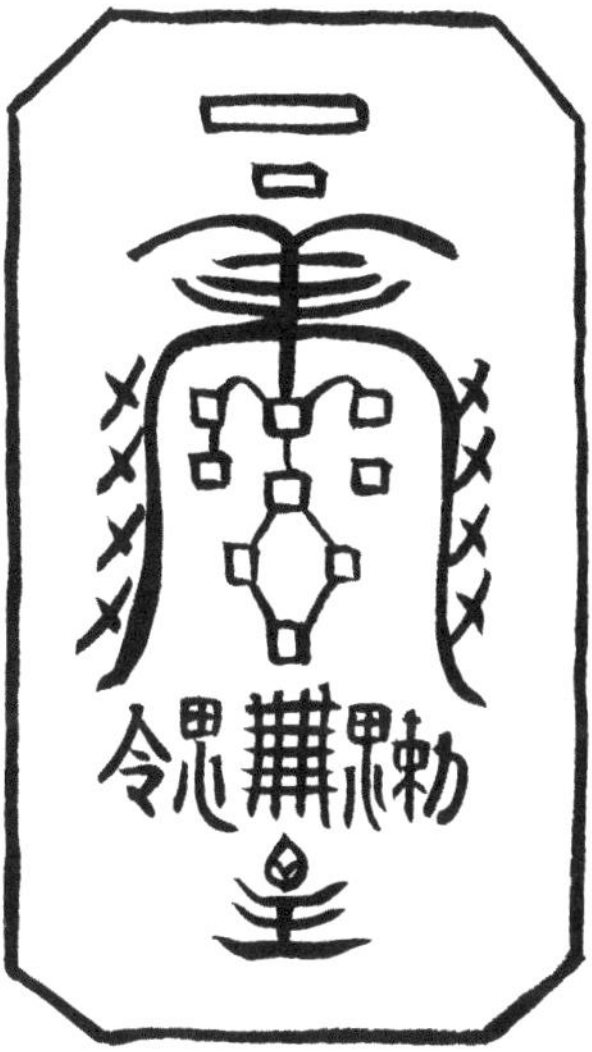

（✂キリトリ）

金運アップの 護符

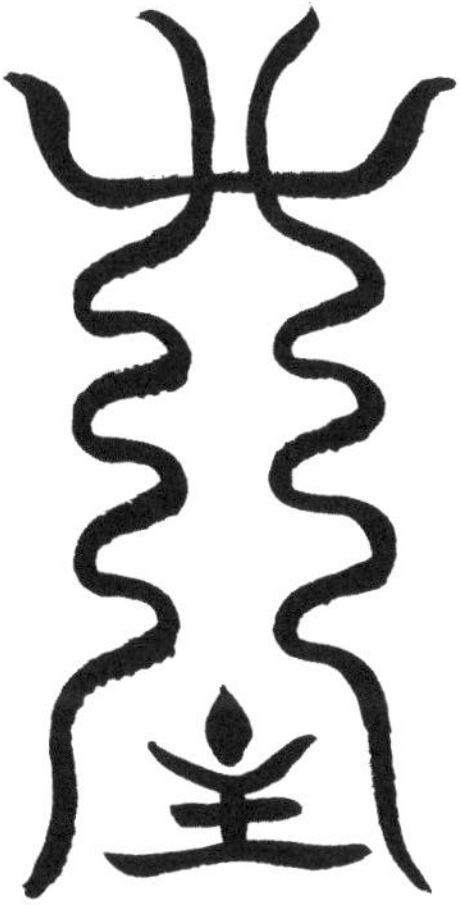

悪縁を断つ 護符

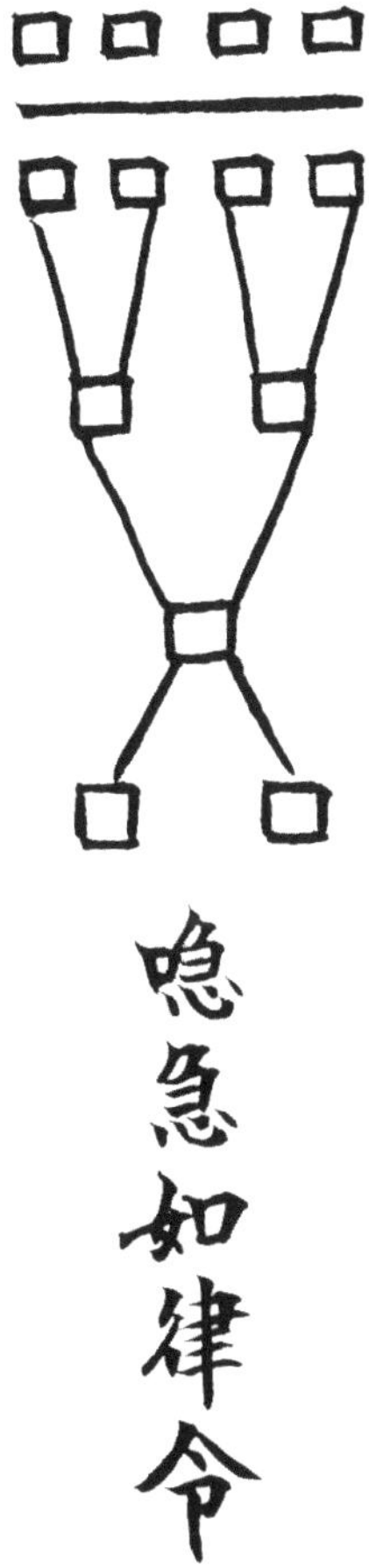

(✂キリトリ)

良縁を願う
護符

一切の
悪難を除ける
護符

（キリトリ）

目的達成の護符

一

日 尸

日 田

月 鬼

喼急如律令

運命逆転の護符

（✂キリトリ）

青龍　せいりゅう
風水師・占術研究家。36代にわたり君臨した古代新羅王族の末裔。占術や霊能に深く縁のあるシャーマンの家系に生まれ、幼い頃から視えない世界との交流があったため、自然とあらゆる占術を学び、身につける。除霊・浄霊に関わりながら、風水と目に見えない気との関係性を独自に研究。占術は人相、手相をはじめ、四柱推命、奇門遁甲、紫微斗数などを駆使する。また、一之宮参りの旅をはじめ、日本全国の神社を巡り「龍神さま」を味方につける活動を積極的に行っている。著書に『自分でできる縁むすび』『どこでもできる邪気ばらい体操』(ともに小社刊)などがある。
青龍HP「心に灯をともす」http://www.seiryu168.com/

新装版 自分でできる邪気ばらい
身近な呪いを解いてスッキリする方法
2023年12月19日　第1版第1刷発行

著　者　青龍

発行所　WAVE出版
〒102-0074 東京都千代田区九段南3-9-12
TEL 03-3261-3713
FAX 03-3261-3823
振替 00100-7-366376
E-mail: info@wave-publishers.co.jp
http://www.wave-publishers.co.jp

印刷・製本　シナノ パブリッシング プレス

NDC 159 191p 19cm
ISBN 978-4-86621-472-6

本書は、2016年12月小社刊『自分でできる邪気ばらい』の新装改訂版です。